中国网络诚信发展报告2024

中国网络社会组织联合会 ◎ 主编

中国言实出版社

图书在版编目(CIP)数据

中国网络诚信发展报告. 2024 / 中国网络社会组织
联合会主编. -- 北京：中国言实出版社，2024. 8.
ISBN 978-7-5171-4913-2

Ⅰ. F832.4

中国国家版本馆CIP数据核字第2024GZ8827号

中国网络诚信发展报告2024

责任编辑：宫媛媛
责任校对：张国旗

出版发行：中国言实出版社
　　　　地　　址：北京市朝阳区北苑路180号加利大厦5号楼105室
　　　　邮　　编：100101
　　　　编辑部：北京市海淀区花园北路35号院9号楼302室
　　　　邮　　编：100083
　　　　电　　话：010-64924853（总编室）　010-64924716（发行部）
　　　　网　　址：www.zgyscbs.cn　　电子邮箱：zgyscbs@263.net

经　　销：新华书店
印　　刷：北京虎彩文化传播有限公司
版　　次：2024年10月第1版　　2024年10月第1次印刷
规　　格：710毫米×1000毫米　　1/16　　12.75印张
字　　数：242千字

定　　价：78.00元
书　　号：ISBN 978-7-5171-4913-2

《中国网络诚信发展报告 2024》
编写组织架构

编制发布单位

中国网络社会组织联合会

编委会

主　任：赵　晖

副主任：张　勇　牛争芳　吴定平

委　员：丁家栋　于　杨　宋家丽　阿丽艳

　　　　宫良帅　韩家平　张建光

前　言

党的十八大以来，在习近平新时代中国特色社会主义思想指引下，我国网络诚信建设水平不断提升，呈现政策法规持续健全、行业自律深入推进、网络诚信理念深入人心的发展态势，为推进网络强国建设提供有利舆论氛围、良好文化条件。自 2020 年起，在中央网信办指导下，中国网络社会组织联合会充分发挥服务支撑、桥梁纽带、示范引领作用，广泛凝聚社会力量，带动会员单位积极参与网络诚信建设，连续发布四份《中国网络诚信发展报告》。

为全面反映 2023 年我国网络诚信建设总体情况，中国网络社会组织联合会组织编写《中国网络诚信发展报告 2024》（以下简称《报告》）。《报告》分为正文和附录两大部分，正文分为总体状况、多元发力、专题研究、问题挑战、对策建议 5 个章节，介绍了 2023 年网络诚信建设面临的新形势、取得的新成效，系统展示政府、行业组织、企业等多元主体参与网络诚信建设的丰富实践，以专题形式回应未成年人网络保护、电子商务诚信评价等社会关注热点，深入分析问题挑战，对新时代网络诚信建设作出展望；附录收录了

2023 年网络诚信建设部分工作案例和大事记，以期进一步弘扬诚信文化，鼓励社会各界为健全网络诚信建设长效机制作出新贡献。

作为新时代网络文明的重要内容，网络诚信建设是社会主义核心价值观的重要体现，是网络强国建设的重要实践。我们期待，《报告》能够全面反映我国网络诚信建设的新趋势、新做法、新经验，为社会各界广泛了解我国网络诚信发展状况提供参考借鉴。我们期望，携手社会各界力量，共同为弘扬诚信文化，共筑清朗网络空间作出更大贡献。

中国网络社会组织联合会

2024 年 6 月

目　录

第一章 总体状况

诚信是中华民族的传统美德,是社会主义核心价值观的重要内容,是经济社会存续发展的重要基石,包含非契约性质的承诺及其兑现,也包括"信守契约"和"守法合规"。按照《中国网络诚信发展报告2020》首次提出的定义,网络诚信主要指具有完全民事行为能力的自然人、法人和非法人组织,在网络空间活动中尊崇道德、遵守法律、履行契约、恪守承诺的状态。

推进网络诚信建设,是党的十八大以来我国互联网发展和治理不断创新的客观要求,是从网络大国向着网络强国阔步迈进的重要实践。一方面,作为拥有 10.92 亿网民规模、互联网普及率达 77.5%[①] 的网络大国,网络社会的健康有序发展,既需要法律法规等制度规范,也需要道德伦理等非制度性引导,网络诚信建设已经成为依法管网治网的有效补充和网络文明建设的重要内容。另一方面,在社会网络化、网络社会化的背景下,网络社会与现实社会日益融合,网络诚信作为社会诚信在网络空间的延伸,在优化营商网络环境、促进互联网行业自律、推进守信激励和失信惩戒等方面发挥着重要作用,网络诚信建设已经成为社会信

[①] 中国互联网络信息中心(CNNIC):《第 53 次〈中国互联网络发展状况统计报告〉发布》,中国互联网络信息中心网:https://cnnic.cn/n4/2024/0321/c208-10962.html,2024 年 3 月 22 日。

用体系建设的重要组成部分。网络诚信建设具有鲜明的创新性、广泛的渗透性和丰富的群众性，随着互联网应用的广泛普及，网络强国、数字中国建设的加速推进，网络综合治理的逐步深入以及向上向善网络文化的培育塑造，而呈现出勃勃发展生机。

当前，互联网与人民群众的生产生活、交流交往、创新创造深度融合，"无人不网、无时不网、无处不网"的特征日益显现，加强网络诚信建设的重要性更加突出。广聚亿万民众，弘扬诚信文化，推进守信互信，夯实发展基座，共筑网上精神家园、共享网络发展成果，不断增强广大人民群众获得感、幸福感、安全感，成为公众的殷切期望和全社会的共同责任。

一、2023 年我国网络诚信建设面临的新形势

（一）面对新时代新征程使命任务，迫切需要在新起点上肩负起推进网络诚信建设高质量发展的时代重任

2023 年是全面贯彻落实党的二十大精神的开局之年。按照党的二十大关于"弘扬诚信文化，健全诚信建设长效机制""健全网络综合治理体系，推动形成良好网络生态"等部署要求，在新时代新征程上，网络诚信建设面临着统筹推进高质量发展与高水平安全的使命任务。一是举旗铸魂把方向，需要不断夯实网络诚信建设的思想根基。坚持以习近平新时代中国特色社会主义思想为指导，按照党中央关于网信工作的一系列决策部署，围绕"正能量是总要求、管得住是硬道理、用得好是真本事"，强化思想引领、把握正确方向，凝聚各方力量、共建网络生态，

扎实推进凝心铸魂、固本培元工作，积极营造依法办网、诚信用网的良好氛围，以网络诚信建设的实际成效助力网络强国建设的伟大实践。二是统筹推进开新局，需要不断提高网络诚信建设的质量水平。经过社会各方共同努力，这些年来我国网络诚信建设在法治化建设、规范化推进、品牌化打造、社会化实践等方面不断取得进展，整体向上向善态势不断巩固。同时也要看到，网络诚信建设是不断巩固拓展和持续深化的过程，需要进一步动员社会各方力量，坚持网上网下相结合、守信互信相结合、自律他律相结合，在思想观念、文化风尚、道德追求、行为规范、法治环境、创建机制等多方面齐动手、共努力，推动形成更高质量、更广覆盖的网络诚信建设新格局。三是聚焦重点抓治理，需要不断构筑网络诚信建设的良好生态。牢牢把握网信为民这个深厚底色，积极回应人民对美好生活的期盼，聚焦重点领域网络乱象和人民群众反映强烈的突出问题，坚持标本兼治、齐抓共管，既要对电信网络诈骗等顽瘴痼疾重拳出击，也要对网络谣言、网络水军等违规失信现象加大整治力度，让广大人民群众在网络空间有更多获得感、幸福感、安全感。

（二）适应科技革命迅猛发展态势，迫切需要在互联网新技术新应用新业态新模式带来的风险挑战中持续夯实网络诚信的兴业之基

面对新一轮科技革命和产业变革，网络信息技术日新月异，新技术、新业态、新模式在赋能千行百业、促进经济社会发展的同时，风险隐患相伴而生，对网络诚信建设提出一系列新挑战新要求，需要与时俱进、趋利避害，以新作为促进新技术应用健康发展。一是筑牢网络安全屏障。坚持防风险保安全，重视新型数字化技术应用的"两面性"和"双刃剑"效应，针对人工智能、算法模型等存在的漏洞，加强策略研

究、处置应对，积极做好内容安全、数据合规、个人信息保护、模型训练等方面的规范引导工作，保证新技术应用安全向善、可信可控，夯实网络诚信建设的安全底座。二是防止技术滥用。防止图文和音视频内容有害信息传播，深入实施法规约束，推进算法备案，加强漏洞检测，促进算法治理，积极构建健康规范的新技术应用网络生态。三是重视个人信息保护。高度重视数据安全保护和用户隐私保护，依法加强个人信息保护，既要做好个人社会信息的正当利用，更要健全规范个人特征信息、社会服务过程中个人实时交互信息收集使用范围，使新技术新应用始终服务社会、服务人民。

（三）积极担起新的文化使命，迫切需要在亿万网民共同坚守的精神家园切实增强网络诚信的文化自信和行动自觉

党的二十大报告指出："中国式现代化是物质文明和精神文明相协调的现代化。"一个社会的诚信文化建设，直接反映精神文明建设水平。面对当前世界百年未有之大变局，面对以中国式现代化全面推进中华民族伟大复兴的使命任务，面对构建高水平社会主义市场经济体制的新要求，迫切需要进一步夯实网络社会的诚信基石，更广泛地凝聚亿万网民，以实际行动担负起新的文化使命。一是深刻感悟习近平文化思想茹古涵今、守正创新的真理光辉，切实增强坚决做到"两个维护"的政治自觉、思想自觉、行动自觉。二是深刻感悟习近平文化思想观乎人文、洞察时变的宏阔视野，切实增强新形势下识变应变求变的历史主动。要积极推进网络诚信建设工作理念、方法、手段、机制等创新，切实增强新形势下弘扬诚信文化、健全诚信建设长效机制的工作主动。三是深刻感悟习近平文化思想明体达用、体用贯通的丰富内涵，切实增强对社会主义文化建设规律的认识把握。不断深化对网络诚信发展规律的认识，

切实增强广聚各方力量、推进多元共治的行动自觉。四是深刻感悟习近平文化思想凝心铸魂、领航掌舵的实践伟力，切实增强推进事业发展的历史自信和文化自信。以网络诚信建设的丰富实践不断丰富拓展中国特色治网之道，切实增强推进网络诚信建设的文化自信。五是深刻感悟习近平文化思想继往开来、擘画蓝图的科学指引，切实增强践行新的文化使命的责任担当。加强宣传引导，强化诚信自律，提升治理效能，净化网络生态，引导亿万网民共建网上美好精神家园。

二、2023 年我国网络诚信建设取得的新成效

2023 年，我国网络诚信建设呈现出旋律高扬、措施有力、协同高效、成果显著的发展特征，在政策支持、法规完善、社会引导、问题治理等方面取得积极成果，多元发力、广泛参与、共建共享的网络诚信建设格局进一步形成，人民群众在网络空间的获得感、幸福感、安全感得到有效保障。

（一）宏观指导更加有力，网络诚信政策法规进一步完善

1. 加强政策引导

网络诚信建设是一项系统工程，需要有力的政策支持和社会引导。2023 年 7 月 14 日至 15 日，全国网络安全和信息化工作会议在北京召开。习近平总书记对网络安全和信息化工作作出重要指示，明确提出网信工作"举旗帜聚民心、防风险保安全、强治理惠民生、增动能促发展、谋合作图共赢"的使命任务，明确"十个坚持"重要原则，为新时代新征程做好网信工作指明前进方向、提供根本遵循，也为推进网络诚信建设

提供强有力的政策引导和行动指南。经党中央批准，2023年中国网络文明大会在福建省厦门市举办，会上举办网络诚信建设高峰论坛，与会嘉宾围绕"网聚诚信力量，共享美好生活"主题，深入贯彻落实党的二十大精神和习近平总书记关于网信工作的重要指示精神，深入交流推进新时代网络诚信建设高质量发展的方法路径，在全社会引起积极反响、树立鲜明导向。

2023年2月，中共中央、国务院印发《质量强国建设纲要》，提出健全以"双随机、一公开"监管和"互联网＋监管"为基本手段、以重点监管为补充、以信用监管为基础的新型监管机制，健全以法治为基础、政府为主导、社会各方参与的多元治理机制，营造公平竞争的市场环境，突出诚信自律在推动经济质量效益型发展、推进质量治理现代化方面的重要作用。7月，中共中央、国务院印发《关于促进民营经济发展壮大的意见》，把完善社会信用激励约束机制，作为持续优化民营经济发展环境的重要政策措施之一，持续优化稳定公平透明可预期的发展环境。其中包括：发挥信用激励机制作用，提升信用良好企业获得感。完善信用约束机制，依法依规按照失信惩戒措施清单对责任主体实施惩戒。健全失信行为纠正后的信用修复机制，研究出台相关管理办法。完善政府诚信履约机制，建立健全政务失信记录和惩戒制度，将机关、事业单位违约毁约、拖欠账款、拒不履行司法裁判等失信信息纳入全国信用信息共享平台。这些政策措施为推进网络诚信建设，依法依规实施信用激励和失信惩戒提供重要指引。12月，国务院办公厅印发《关于加快内外贸一体化发展的若干措施》（国办发〔2023〕42号），明确要完善内外贸信用体系。包括发挥全国信用信息共享平台作用，推动企业信用信息共享应用，帮助企业获得更多信贷支持；鼓励内外贸企业使用信用报告、保险、保理等信用工具，防范市场销售风险；推动电商平台、产业集聚区等开展信用体系建设试点，营造有利于畅通国内国际市场的信用环境；加大对外贸企业商标权、专利权的保护力度，开展打击侵权假冒专项行动等，强化包括网络诚信建设在内的社会信用建设在打造良好发展环境方面的基础作用。

中央和国家有关部门出台一系列有关网络诚信建设的政策文件。中央网络安全和信息化委员会办公室印发《关于进一步加强网络侵权信息举报工作的指导意见》，提出加强网络侵权信息举报工作，突出做好涉公民个人、企业法人网络侵权信息举报工作，推动建立良好网络生态，助力经济社会健康有序发展。国家发展和改革委员会印发《关于完善政府诚信履约机制优化民营经济发展环境的通知》（发改财金〔2023〕1103号），从"充分认识完善政府诚信履约机制的重要意义""建立违约失信信息源头获取和认定机制""健全失信惩戒和信用修复机制"和"强化工作落实的政策保障"等四个方面作出部署，强化政府诚信履约的主体责任，为促进民营经济发展壮大夯实信用支撑。商务部等9部门印发《县域商业三年行动计划（2023—2025年）》，部署推动农村电商高质量发展，发布公告确定132家企业为电子商务示范企业，推动我国电子商务高质量发展取得积极成效，全年网上零售额达15.42万亿元，比2022年增长11%[①]。国家市场监督管理总局等部门印发《关于开展妨碍统一市场和公平竞争的政策措施清理工作的通知》，集中清理妨碍市场准入和退出、妨碍商品和要素自由流动、影响生产经营成本、影响生产经营行为等四个方面19种涉及经营主体经济活动的规章、规范性文件和其他政策措施，深入推进建设全国统一大市场和公平竞争的市场环境。最高人民法院、最高人民检察院、公安部联合发

---

① 商务部：《2023年我国电子商务高质量发展取得积极成效》，商务部网：http://www.mofcom. gov.cn/article/tj/tjsj/202402/20240203471373.shtml，2024年1月29日。

布《关于依法惩治网络暴力违法犯罪的指导意见》，依法惩治网络暴力违法犯罪活动，有效维护公民人格权益和网络秩序，积极营造清朗网络空间。

2.加强法治保障

网络诚信建设是一项社会工程，需要进行方方面面的法治配套和规范引导。2023年9月，十四届全国人大常委会立法规划公布，社会信用建设法被纳入第二类项目（需要抓紧工作、条件成熟时提请审议的法律草案），标志着包括网络诚信建设在内的社会信用建设法治保障进一步提速。2023年3月16日，国务院新闻办公室发布《新时代的中国网络法治建设》白皮书，从坚定不移走依法治网之路、夯实网络空间法制基础、保障网络空间规范有序、捍卫网络空间公平正义、提升全社会网络法治意识和素养、加强网络法治国际交流合作等方面全面介绍我国网络法治建设情况，涵盖与网络诚信相关的网络法治建设的方方面面。据不完全统计，截至2023年1月，已有53部法律、71部行政法规专门写入信用条款[①]。2023年，中央网络安全和信息化委员会办公室、国家发展和改革委员会、工业和信息化部、商务部、国家市场监督管理总局、最高人民法院、最高人民检察院、公安部等部门出台12部与网络诚信建设相关的行政法规、部门规章和规范性文件。上海、浙江、广东等地先后出台地方性法规，为网络诚信建设提供良好的法治保障。

[①] 杨柳、石杰、陈晟涌：《建设符合高水平社会主义市场经济体制的社会信用体系建设法》，国家发展和改革委员会网：https://www.ndrc.gov.cn/wsdwhfz/202303/t20230315_1350980.html，2023年3月15日。

表 1　与网络诚信建设相关的行政法规、部门规章和规范性文件

序号	发布时间	施行时间	发布机关	名称	文件类型
1	2022 年11 月 25 日	2023 年1 月 10 日	国家互联网信息办公室工业和信息化部公安部	互联网信息服务深度合成管理规定	部门规章
2	2023 年2 月 22 日	2023 年6 月 1 日	国家互联网信息办公室	个人信息出境标准合同办法	部门规章
3	2023 年7 月 10 日	2023 年8 月 15 日	国家互联网信息办公室国家发展和改革委员会教育部科技部工业和信息化部公安部国家广播电视总局	生成式人工智能服务管理暂行办法	部门规章
4	2023 年8 月 31 日	2023 年8 月 31 日	中央网络安全和信息化委员会办公室	关于进一步加强网络侵权信息举报工作的指导意见	规范性文件
5	2023 年10 月 16 日	2024 年1 月 1 日	国务院	未成年人网络保护条例	行政法规
6	2023 年1 月 13 日	2023 年5 月 1 日	国家发展和改革委员会	失信行为纠正后的信用信息修复管理办法（试行）	部门规章
7	2022 年12 月 28 日	2023 年1 月 1 日	国家发展和改革委员会中国人民银行	关于印发《全国公共信用信息基础目录（2022 年版）》和《全国失信惩戒措施基础清单（2022 年版）》的通知	规范性文件
8	2023 年9 月 26 日	2023 年9 月 26 日	国家市场监督管理总局	关于印发《市场监督管理投诉信息公示暂行规则》的通知	部门规章
9	2023 年2 月 25 日	2023 年5 月 1 日	国家市场监督管理总局	互联网广告管理办法	部门规章
10	2023 年5 月 18 日	2023 年7 月 1 日	国家市场监督管理总局	合同行政监督管理办法	部门规章
11	2023 年6 月 30 日	2023 年12 月 1 日	国家市场监督管理总局	食用农产品市场销售质量安全监督管理办法	部门规章
12	2023 年9 月 20 日	2023 年9 月 20 日	最高人民法院最高人民检察院公安部	关于依法惩治网络暴力违法犯罪的指导意见	规范性文件

坚持急用先行。践行以人民为中心的发展思想，2023 年《未成年人网络保护条例》公布施行，作为我国出台的第一部专门性的未成年人网络保护综合立法，体现了党和国家对未成年人成长成才的高度重视和亲切关怀，为未成年人在网络空间的健康成长提供坚实的法治保障。制

定出台《个人信息出境标准合同办法》，旨在保护个人信息权益，规范个人信息出境活动，保障推进高水平对外开放。制定出台《网信部门行政执法程序规定》（国家互联网信息办公室令第 14 号）、《关于加强"自媒体"管理的通知》和《关于依法惩治网络暴力违法犯罪的指导意见》等，为网络空间行政执法、依法打击网络违法犯罪行为提供政策和法规的支撑。切实维护公平竞争的法治环境，公布《制止滥用行政权力排除、限制竞争行为规定》（国家市场监督管理总局令第 64 号）、《禁止垄断协议规定》（国家市场监督管理总局令第 65 号）、《禁止滥用市场支配地位行为规定》（国家市场监督管理总局令第 66 号）、《互联网广告管理办法》（国家市场监督管理总局令第 72 号）、《禁止滥用知识产权排除、限制竞争行为规定》（国家市场监督管理总局令第 79 号）等，规范各市场主体的诚信责任和市场行为，保护消费者的合法权益，维护公平竞争的市场经济秩序。

强化前沿领域发展规范与制度保障。国家互联网信息办公室、国家发展和改革委员会、教育部、科技部、工业和信息化部、公安部、国家广播电视总局联合制定出台《生成式人工智能服务管理暂行办法》，应对生成式人工智能技术快速发展的新形势及其产生的传播虚假信息、侵害个人信息权益、数据安全和偏见歧视等问题，旨在进一步规范数据处理等活动，维护国家安全和社会公共利益，保护公民、法人和其他组织的合法权益。针对算法广泛应用带来的诸如信息茧房、隐私侵犯、大数据杀熟、算法滥用等负面问题，多措并举推进算法治理、创新推动算法技术应用，积极推动《中华人民共和国数据安全法》《互联网信息服务算法推荐管理规定》《关于加强互联网信息服务算法综合治理的指导意见》（国信办发文〔2021〕7 号）等法律法规和规范性文件贯彻实施。按照《生成式人工智能服务管理暂行办法》要求，有序开展生成式人工智能服务备案工作，自 2023 年 8 月至 2024 年 3 月，我国已有 117 个生成式人工智能服务备案①，做到新技术新应用发展到哪里、法治建设和服务保障就覆盖到哪里。

加强网络执法普法。加大关系人民群众切身利益的重点领域执法力度，做到严厉打击和引导规范并重，乱象治理与权益保护并举。持续开展违法违规收集使用个人信息专项治理，全面整治网络侵权盗版行为，开展平台经济领域反垄断和反不正当竞争执法，加强网络基础资源、重要网络系统、网络数据等领域安全执法工作，持续深入开展系列专项行动，加大对人民群众反映强烈的网络淫秽色情、虚假信息、网络暴力、算法滥用、未成年人沉迷网络游戏等问题的治理力度，压紧压实网站平台主体责任，全面保护人民群众合法权益，提升人民群众获得感和满意度，维护社会公共利益，推动形成健康规范的网络空间秩序，营造天朗气清的网络生态。同时，准确把握时代要求、为民理念和网络社会普法用法需求，开展"全国网络普法行"系列活动，以线上线下相结合的方式先后在浙江、广西、江西、黑龙江、四川等地开展普法宣传，吸引广大网民关注普法、支持普法、参与普法。政府部门、社会组织、媒体机构、网站平台等积极开展新出台网络法律法规宣传，尤其注重对青少年、老年人等特殊群体的关怀与保护，进一步增强广大网民依法上网、文明用网、诚信守规意识。

重视信用修复制度建设。2023 年 1 月，国家发展和改革委员会公布《失信行为纠正后的信用信息修复管理办法（试行）》，规定信用主体依法享有信用信息修复的权利。除法律、法规和党中央、国务院政策

---

① 国家互联网信息办公室：《国家互联网信息办公室关于发布生成式人工智能服务已备案信息的公告》，中国网信网：https://www.cac.gov.cn/2024-04/02/c_1713729983803145.htm，2024 年 4 月 2 日。

文件明确规定不可修复的情形外，满足相关条件的信用主体均可按要求申请信用信息修复，也就是说信用主体为积极改善自身信用状况，在纠正失信行为、履行相关义务后，向认定失信行为的单位或者归集失信信息的信用平台网站的运行机构提出申请，由认定单位或者归集机构按照有关规定，移除或终止公示失信信息的活动。需要指出的是，信用主体就是信用关系的承载者和信用活动的行为者，既有政府、企业，也包括个人，涵盖网络诚信在内的网上网下各领域经济和社会活动，不仅保障信用主体合法权益，也有利于及时更新信用主体信用信息，释放经营主体活力，营造市场化、法治化、国际化的营商环境。截至2023年11月底，全国市场监管部门累计为各类经营主体修复行政处罚信息85万条，修复经营异常名录信息480万条，修复个体工商户经营异常状态1708万户[①]。依法解除这些经营主体在招投标、投融资、授予荣誉称号等方面的限制，释放经营主体活力，助力构建全国统一大市场，全力推动我国经济高质量发展。

3.加强工作协同

网络诚信建设是一项系统工程，要以良好的工作机制、有效的统筹协调不断提升工作效能，持续形成各司其职、齐抓共管的工作合力。2023年，随着网络综合治理体系基本建成、网络文明建设不断深化，系统性谋划、综合性治理、体系化推进，网络诚信建设的体制机制和基本架构基本成型。

部际协同务实高效。充分发挥网络综合治理体系建设在治网管网中的牵头抓总作用，为营造良好生态、构建清朗空间、建设网络强国提供有力服务、支撑和保障，也为网络诚信建设注入不竭动力。国务院社

[①] 孔德晨：《市场监管总局大力开展信用修复》，人民网：http://sc.people.com.cn/n2/2023/1225/c345167-40690715.html，2023年12月25日。

会信用体系建设部际联席会议制度，在健全社会信用体系、加快构建以信用为核心的新型市场监管体制、建立完善守信联合激励和失信联合惩戒制度、积极营造公平诚信的市场环境等方面进一步发力。打击治理电信网络新型违法犯罪工作部际联席会议制度，统筹推进打防管控建各项工作，推动抓获移交一批缅北诈骗集团重要头目，彻底摧毁臭名昭著的"四大家族"犯罪集团，取得一系列重要进展。网络市场监管部际联席会议制度，促进网络市场健康有序发展，加强网络市场监管法治建设，加强对网络市场监管的协同、指导和监督，协调解决网络市场监管中的重大问题。商务部统筹推进电子商务与快递物流协同发展，在全国电子商务公共服务平台开通"信用共建"板块，引导更多电子商务企业和信用服务机构、行业协会等参与信用共建，营造多方共建电子商务诚信体系的良好氛围。

诚信奖惩逐步推广。充分发挥诚信典型的引领示范作用，持续推动诚信典型创建、评选等活动。2023年4月，中共中央宣传部、国家发展和改革委员会联合发布2022年"诚信之星"，评出的11位"诚信之星"均来自基层一线，具有较强典型性、代表性。他们当中，有的坚守誓言、反哺乡里，以新思路新办法为乡村振兴献计出力；有的认真履行企业社会责任，自觉践行"诚信为民"经营理念，为疫情防控和经济社会发展默默奉献；有的重信守义、自强不息，身处困境仍坚持还清债务、不背承诺。值得说明的是，所有被推荐为"诚信之星"的人物事迹均经过各地自下而上的评选推荐、网络投票、专家评审和社会公示等环节，从众多参评对象中评出，本身具有网上网下强大的示范带动效应，各地结合实际开展"诚信之星"评选活动，广泛践行社会主义核心价值观，大力弘扬诚信文化，积极推进诚信建设，持续推动诚实守信、履约践诺成为全社会的价值追求和自觉行动，在全社会营造"知信、用信、守信"的浓厚氛围。按照《国务院办公厅关于进一步完善失信约束制度　构建诚信建设长效机制的指导意见》（国办发〔2020〕49号）要求，针对社会信用体系进入法治化建设阶段的新形势新特点，依法依规实施失信惩戒，国家发展和改革委员会、中国人民银行联合印发《全国公共信用信息基础目录（2024年版）》和《全国失信惩戒措施基础清单（2024年版）》（发改财金规〔2024〕203号），进一步明确公共信用信息纳入范围、规范失信惩戒措施，对保护信用主体合法权益进行制度化安排，各地依据地方性法规，参照全国失信惩戒措施基础清单的制定程序，制定实施适用于本地的失信惩戒措施补充清单。2023年6月，国家市场监督管理总局部署开展经营主体严重违法失信行为专项治理行动，截至10月已累计列入严重违法失信名单的经营主体近千户[①]，集中曝光一批经营主体严重违法失信行为专项治理行动典型案例，其中包括某博主在"今日头条"发布视频曝光相关企业的食品安全问题、相关自然人私自制造假冒注册商标的硒鼓并通过微信联系客户进行销售等问题。随着网络诚信奖惩制度的逐步推广、协同实施，全社会依法办网、诚信用网的意识进一步增强。

反诈宣传协同推进。中共中央宣传部、公安部联合部署，在全国开展"全民反诈在行动"集中宣传月活动，进一步加强反诈宣传力度，不断提升群众防骗意识，切实营造全社会反诈浓厚氛围。2023年，宣传月以"预警劝阻别忽视，财产安全要重视"为主题，在全国范围内组织开展防范电信网络诈骗犯罪"进社区、进农村、进家庭、进学校、进企业"的"五进"活动，着力构建立足社区、覆盖全社会的反诈宣传体

[①] 国家市场监督管理总局：《市场监管部门集中曝光经营主体严重违法失信行为专项治理行动典型案例》，国家市场监督管理总局网：https://www.samr.gov.cn/xw/zj/art/2023/art_1fab778b2f6b43c98f790e10c703f7cf.html，2023年10月9日。

系。公安部组织国家反诈中心发布《2023 版防范电信网络诈骗宣传手册》，部署各地反诈中心深入基层、贴近实际，针对易受骗群体开展有针对性的防范宣传；督促金融机构、电信业务经营者、互联网服务提供者对本行业从业人员及服务对象深入开展反诈宣传；联合中国老龄协会举办全国老年人防诈反诈知识竞赛；联合教育部启动"反诈宣传进校园"活动，根据高校学生及中小学生年龄特点，开展反诈知识进课堂、反诈知识竞赛等教育宣传活动；联合中国电影集团在全国农村地区和中小学校园组织反诈优秀影片公益展映活动。最高人民检察院会同北京市检察机关制作反诈动漫《骗局粉碎机》，从 2023 年 3 月起在北京市公交、地铁滚动播放，进一步将反诈宣传延伸至老百姓日常生活的方方面面。

（二）综合治理更加精准，网络诚信工作合力进一步释放

1. 聚焦重点，协同发力，问题治理成效突出

中央网络安全和信息化委员会办公室深入推进"清朗"系列专项行动，集中整治生活服务类平台信息内容乱象、网络水军、网络戾气等 9 大突出问题。2023 年，全国网信系统持续推进网络执法监督检查，查处各类网上违法违规行为，全年共约谈网站 10646 家，责令 453 家网站暂停功能或更新，督促相关网站平台依法依约关闭违法违规账号 127878 个[①]，有力震慑网上违规失信行为。2023 年 7 月，中央网络安全和信息化委员会办公室秘书局发布《关于加强"自媒体"管理的通知》，集中整治"自媒体"乱象，处置假冒仿冒、误导公众的"自媒体"账号，从

---

① "网信中国"微信公众号：《2023 年全国网信系统约谈网站 10646 家，关闭违法违规账号 127878 个》，央视网：https://news.cctv.com/2024/01/31/ARTIFUknfWLEgfWvIVpkRekA240131.shtml，2024 年 1 月 31 日。

规范信息来源标注、规范账号运营行为等 13 个方面强化账号全流程、全链条管理。集中治理歪曲事实、诱导充值等突出问题；加大网络水军打击力度，重点整治刷量控评、造谣引流、有偿删帖等突出问题；强化网暴治理，建立跨平台预警机制；持续监测打击涉公共政策、国际关系、社会民生领域网络谣言，开展重点领域权威辟谣，公开曝光典型案例。2023 年中央网信办举报中心、全国各级网信举报工作部门、主要网站平台共受理处置网民举报线索 2.06 亿件，同比增长 19.5%。其中，全国主要网站平台受理举报 1.9 亿件，同比增长 21.4%[①]。

全国公安机关持续开展"净网 2023"专项行动，截至 2023 年 12 月，共侦办网络谣言类案件 4800 余起，依法查处造谣传谣人员 6300 余名，依法关停违法违规账号 3.4 万个[②]；持续加大对跨境电信网络诈骗犯罪的打击力度，开展国际警务执法合作。截至 2024 年 1 月 30 日，已有 4.4 万名缅北涉我电信网络诈骗犯罪嫌疑人移交我方，包括幕后"金主"、组织头目和骨干 171 名，网上在逃人员 2908 名[③]，一大批诈骗窝点被成功铲除，打击跨境电信网络诈骗工作取得历史性重大战果。

工业和信息化部加大电信网络诈骗防范治理力度，着力强化 App 全流程、全链条治理，应用商店在架 App 抽检合格率提升 20%；深入开展非应邀电子信息治理，处置违规短信端口号码 4212 个，"来电免打扰"防骚扰服务用户达到 6.2 亿，拦截涉诈电话和短信近 50 亿次，核查处置

---

① 中央网信办举报中心官方微信：《2023 年全国受理网络违法和不良信息举报 2.06 亿件》，中国新闻网：https://www.chinanews.com.cn/gn/2024/01-16/10146999.shtml，2024 年 1 月 16 日。

② 李佳励：《公安部网络谣言专项整治查处造谣传谣人员 6300 余人》，中国新闻网：https://www.chinanews.com.cn/hnnew/2023-12-22/695949.html，2023 年 12 月 22 日。

③ 陈昱：《中缅联合打击跨国电信诈骗取得重大战果》，央视网：https://news.cctv.com/2024/01/31/ARTIwiB3iMQfId1QvV7Xvzsi240131.shtml，2024 年 1 月 31 日。

涉诈高风险互联网账号超 2 亿个[①]，进一步深化反诈技防体系，切实维护人民群众财产安全。

2023 年，检察机关依法惩治网络暴力"按键伤人"，会同最高法、公安部制定指导意见，对在网上肆意造谣诽谤、谩骂侮辱、"人肉搜索"等涉嫌犯罪的，依法追究刑事责任。2023 年检察机关起诉利用网络实施的犯罪 32.3 万人，同比上升 36.2%[②]，严厉打击"网络水军"造谣引流、舆情敲诈等违法犯罪行为，针对互联网领域侵犯个人信息、虚假宣传、消费欺诈等乱象，用法治力量维护网络秩序，净化网络舆论环境。

北京市以线上线下相结合的方式组织开展"数字赋能、智耀京华——巡礼新时代　奋进新征程·北京篇"主题网评活动，着力讲好讲透数字经济发展的故事和经验，带动和引导广大网民深刻感悟数字经济发展取得的新进展新成效，不断增强对经济发展的信心。河北省指导各市打造网络素养教育基地 170 余个，建设网络文明主题公园、主题广场 70 余个，积极实施提升全民数字素养与技能行动。天津市聚力宣传《未成年人网络保护条例》，为"数字原住民"撑起网络法治保护伞。山西省举办首届正能量网络精品征集展播活动发布仪式。吉林省策划推出网络主题宣传项目提升传播工作实效。黑龙江省精心策划开展网上宣传，引导助力冰雪旅游破群出圈，推动形成正面舆论声势，为冰雪旅游积聚更大"人气"和"好感度"。甘肃省做好网上重大主题宣传和重大议题设置，网络媒体平台深耕细作，以直播态、沉浸式、全息化等新笔法，打造多样化多层次的网上传播精品。湖南省扎实推进"八五"网络普法工作，组织网络普法新媒体作品征集展播、湖湘青少年网络普法答题、

---

① 谢艺观：《工信部发布 2023 年"成绩单"，这些数据位居全球第一》，中国新闻网：http://www.chinanews.com.cn/cj/2024/01-19/10149168.shtml，2024 年 1 月 19 日。

② 徐日丹：《2023 年检察机关起诉利用网络实施的犯罪 32.3 万人》，最高人民检察院网：https://www.spp.gov.cn/spp/2024qglh/202403/t20240308_648111.shtml，2024 年 3 月 8 日。

网信普法教育典型案例评选，促进"懂常识、守常规、成常态"深入普及。贵州省丹寨"智慧茶园"，打造集茶叶产销、茶旅融合和休闲观光为一体的产业发展模式，绘就"数智乡村"新画卷，让网络诚信在助推乡村振兴中触手可及。广东省强力整治网上涉赌有害信息，深入排查清理，加强源头治理，注重宣传引导，增强网民意识。广西壮族自治区深入开展网络谣言整治行动，多部门协同，依法查处打击整治多起网络谣言，有效净化网络环境。西藏自治区集中整治低俗色情、博彩赌博、网络谣言、虚假信息等网民反映强烈、影响上网体验的网络生态乱象，积极营造清朗网络环境。辽宁省突出重点领域，抓好专项行动，堵塞风险漏洞，提高网络执法质效，持续深化社会协同治理，营造天朗气清的网络生态。

2. 压实责任，加强规范，促进发展力度空前

互联网企业作为网络诚信实践的重要主体，责任重大、影响广泛。2023年，围绕贯彻落实《关于促进民营经济发展壮大的意见》《关于进一步压实网站平台信息内容管理主体责任的意见》，有关部门相继出台多份指导意见，强信心、促发展，指导各平台进一步压实主体责任、强化问题治理，在规范中发展、在发展中规范、规范与发展双促进的特色更加鲜明。

加强互联网平台规范监管。针对网络侵权成本低、维权成本高，网民举报维权面临着很多难点问题等实际，印发《关于进一步加强网络侵权信息举报工作的指导意见》，完善分级分类处置举措，建立"限时加私""争议标签"等工作机制，提升处置效果。加强网络综合执法，采取依法约谈、警告、暂停相关功能、取消网站许可或备案、关闭非法网站等措施，强化网站平台内容管理主体责任落实。

推进平台信用建设协同治理。36家平台企业及相关机构组成平台经

济领域信用建设合作机制，在 2023 年充分发挥协同治理效能，持续推进炒信失信治理，截至 2023 年 11 月底，各级市场监管部门累计限制失信被执行人 190 万人次，公示各级行政机关的行政处罚信息 29.2 万条[①]。按照《互联网平台企业履行社会责任评估指标》，深入开展企业社会责任评估工作，加大社会促进、消费者权益保障等正向指标权重，发布评估报告和典型案例，鼓励鞭策平台企业讲诚守信、争当表率。深入推进互联网企业合规建设互促互鉴，搭建交流平台研究行业难点、呼应发展诉求，针对性举办涉企网络侵权举报培训辅导，支持企业健康发展。

3. 畅通渠道，完善机制，社会监督更加广泛

2023 年，社会监督、网民参与网络诚信建设更加积极踊跃，抵制有害信息、举报不良行为、维护健康向上的网络环境成为广大网民群众的自觉行动。

畅通举报渠道。为持续深化网络综合治理，推动更多网站平台接受社会公众监督，中央网信办违法和不良信息举报中心组织第十批 405 家网站平台向社会统一公布举报受理方式，至此，向社会统一公布举报受理方式的网站平台已达到 4500 余家[②]，基本覆盖政务服务、新闻资讯、社交互动、直播、音视频、搜索引擎、浏览器、电商、网络游戏等多个类别的国内主要网站平台。指导全国各级网信举报工作部门、主要网站平台畅通举报渠道，加大违法和不良信息受理处置力度，推动构建良好网络生态。

---

① "中国市场监管报"微信公众号：《市场监管总局：依法对严重失信主体实施限制惩戒措施 190 万次》，澎湃新闻网：https://www.thepaper.cn/newsDetail_forward_25623968，2023 年 12 月 11 日。

② 中央网信办违法和不良信息举报中心：《中央网信办违法和不良信息举报中心组织第十批 405 家网站平台向社会统一公布举报受理方式》，中国网信网：https://www.cac.gov.cn/2023-09/19/c_1696780746553221.htm，2023 年 9 月 19 日。

建立全国网络辟谣联动机制。针对 2023 年国际国内热点事件中，涉及公共政策、社会事件、医疗健康、经济金融、自然灾害等公众关心关切领域的网络谣言不时闪现，污染网络生态、误导公众认知，中国互联网联合辟谣平台主动回应关切、快速权威辟谣，开展常态化推进辟谣标签各项工作，全年汇集谣言样本和辟谣数据 7640 条，汇集各类辟谣稿件 1.82 万余篇，推出 230 期"今日辟谣榜"、12 期"打击网络谣言 共建清朗家园 中国互联网联合辟谣平台月度辟谣榜"及 12 期"科学流言榜"，策划发布"2023 年新能源汽车行业辟谣榜""2023 年度上半年涉经济金融辟谣榜""2023 年度上半年社会民生领域网络辟谣榜"等行业辟谣榜单，联合四川省互联网联合辟谣平台等多部门共同推出"三星堆问答"大型辟谣与科普专题，坚决治理网络谣言这一顽瘴痼疾①。

积极推进监管模式创新。强化消费者权益保护，营造安全放心的网络消费环境，是网络诚信建设的重要内容，也是百姓生活消费服务所关心的问题。市场监管部门持续完善网络交易监管制度体系，加强网络交易监管执法，切实维护消费者合法权益。优化监管模式，防范网络交易风险，组织开展"百家电商平台点亮"行动，引导平台和商户"亮照""亮证""亮规则"，有效保护消费者的知情权和选择权。整治网售禁售商品、"三无"外卖、"三假"直播等乱象，督促网络交易平台删除违法商品信息，严厉打击"刷单炒信"黑灰产业链，对不良商家形成有力震慑。强化智慧监管，推进国家网监平台建设，建成网络交易监测监管五级贯通系统，建设社会协同共治系统，打通与平台企业间监管和服务双向通道，建设"智慧网监"App，初步实现"指尖监管、移动执法"。

---

① 李雪芹、芮静、李然：《2024 年，不能再让这些谣言蒙蔽您的双眼！——中国互联网联合辟谣平台 2023 年度网络谣言盘点》，中国互联网联合辟谣平台：https://www.piyao.org.cn/20240110/8cf6bb8e59b7404ab36543186a1128ff/c.html，2024 年 1 月 12 日。

（三）宣传引导更加丰富，网络诚信示范引领进一步增强

1.组织网络正能量传播，大力营造崇德向善社会环境

2023 年，以开展学习贯彻习近平新时代中国特色社会主义思想主题教育为契机，网上正能量充沛，主旋律高昂，有力推动网络诚信社会氛围整体向善向上。

重大主题宣传弘扬诚信文化。在中共中央宣传部统筹指导下，网上重大主题宣传高潮迭起、精彩纷呈，中央网络安全和信息化委员会办公室举行"团结奋进新征程　奋楫扬帆再出发"2023 年网上重大主题宣传和重大议题设置发布启动仪式，6 大篇章、225 个项目贯穿全年，推出一批彰显时代精神的精品佳作。中央网信办等部门联合主办，中国互联网发展基金会支持开展"把青春华章写在祖国大地上"大思政课网络主题宣传活动、"盛世中华　何以中国"等网上主题宣传活动。各省（区、市）结合实际精心开展网上重大主题宣传，推出"'京·彩'新征程""中国式现代化的长三角实践""共富争先·微故事"等网络主题活动，为弘扬诚信文化、推进网络诚信建设营造良好宣传氛围。

线上线下引导激发参与热情。网上诚信行为靠网下带动，坚持线上线下协同发力，推动电视、广播、新媒体三端加速融合，积极做好网上舆论引导。全国网信系统举办"巡礼新时代，奋进新征程""高质量发展中国行"等一系列网评引导活动，统筹各网站平台优质资源，放大主流声量。北京市举办"数字赋能　智耀京华——巡礼新时代　奋进新征程·北京篇"主题网评活动，通过蹲点采访、专家研讨、大咖对话方式，形成有深度、有热度的网评作品，带动广大网友积极参与公共话题讨论。天津市开展"激浊扬清"阳光跟帖行动，积极塑造主流舆论新态势。安徽省打造"弘扬网络文明，点赞美好安徽"网络文化季，集

"皖"所长、汇"皖"之美、诉"皖"之声。辽宁省、河北省、河南省等各省（区、市）相继举办活动，凝聚社会共识、汇聚发展力量，形成共建网上美好精神家园的社会强音。

品牌宣传效应彰显诚信魅力。中央网络安全和信息化委员会办公室会同有关部门深入实施争做中国好网民工程，组织开展校园好网民、职工好网民、青年好网民、巾帼好网民、铁路好网民等主题活动，深化拓展网络文明伙伴行动，分领域加强网民素养教育。新华社、郑州市人民政府以"信结天下 诚赢未来"为主题，共同主办"第五届中国城市信用建设高峰论坛"，发布的《中国城市信用发展报告2023》显示，截至2023年6月，全国信用信息共享平台共收集信用承诺书约1.47亿件[1]。云南大理举办以"树立诚信理念，践行诚信规范，信用大理，诚信你我"为主题的诚信宣传周，通过发放宣传册、现场答疑讲解等形式，向广大市民宣传诚信理念，引导广大市民用信用理念和方式解决制约经济社会运行的难点、堵点、痛点问题，减少失信违诺行为发生，切实保护各类主体合法权益。洛阳市举办2023年"11·22"诚信日宣传活动，以寓意"一是一，二是二，诚实做人，诚信做事"作品牌，为67家"诚信民营企业"、15名"诚信先进个人"颁奖[2]，打造信用建设高地，让城市文明"诚"色更足。

2. 开展重大诚信活动，有力引导诚实守信舆论氛围

2023年9月，商务部、中共中央宣传部、国家发展和改革委员会等13个部门共同举办2023年全国"诚信兴商宣传月"活动。活动以"铸诚信、优环境、惠民生"为主题，商务部发布2023年全国"诚信兴商"20

---

[1] 阚力：《〈中国城市信用发展报告2023〉发布 梳理中国城市信用建设新成效》，中国新闻网：https://www.chinanews.com.cn/cj/2023/11-14/10111929.shtml，2023年11月14日。

[2] 郭瑛：《诚信典型！洛阳这些企业、个人受表彰》，洛阳网：https://news.lyd.com.cn/system/2023/11/22/032435939.shtml，2023年11月22日。

个典型案例和 10 个推荐案例。宣传月期间，分行业开展"诚信兴业，诚信为民""做诚信之人，铸法治社会"等 19 项主题活动，通过发布诚信案例、发出诚信倡议、开展信用知识普及等多种形式，在全社会兴起诚信宣传的热潮。杭州市举行 2023 年度"诚信建设万里行"启动仪式，活动以"以诚提信心，以信赢未来"为主题，持续开展系列信用惠民礼遇活动，包括"信用 + 体育权益包"、借书免邮超值兑换、共富钱江贷信用权益等，活动现场天猫超市直播间等 6 家放心消费商圈和放心消费直播间代表发出诚信经营倡议，为诚实守信类"杭州好人"代表颁发证书。西安市举办 2023 年诚信宣传月暨第十六个全国"信用记录关爱日"活动，以"扬信用之帆，筑和美之城"为主题，以"6·14 信用记录关爱日"为起点，以举办"信用大讲堂"为载体，推动诚信宣传进机关、进区县、进学校、进社区、进企业、进地铁"六进"活动，传播诚信理念、弘扬诚信文化、普及信用知识，引导广大市民群众"讲诚信、守诺言"。

新华信用对 2023 年社会信用体系建设工作进行梳理和盘点，评出 2023 年社会信用体系十大事件[①]，包括：国家发展和改革委员会、国家市场监督管理总局出台信用修复新规，鼓励支持相关经营主体重塑信用；信用试点示范进一步扩围；国家发展和改革委员会分别召开信用承诺和"信易贷"全国现场会；《中共中央 国务院关于促进民营经济发展壮大的意见》提出"完善政府诚信履约机制，建立健全政务失信记录和惩戒制度"；商务部、国家发展和改革委员会、国家金融监督管理总局发布《关于推动商务信用体系建设高质量发展的指导意见》；社会信用建设法被列入十四届全国人大常委会立法规划第二类项目；2023 年信用建设成果现场观摩会和第五届中国城市信用建设高峰论坛在郑州成功

[①] 胡俊超：《新华信用评出 2023 年社会信用体系十大事件》，https://www.sohu.com/a/74937 4300_120157024，2024 年 1 月 4 日。

举办；新华信用推出政务诚信业务"组合拳"；国家社科基金重大项目聚焦社会信用体系赋能社会治理现代化路径；粤港澳大湾区将探索在符合条件的区域试点开展跨境征信合作。教育系统一些高校围绕立德树人根本任务，在本科生中深入开展高校学生资助诚信教育主题活动，以"传承诚信美德，争做新时代好青年"为主题，通过开展贷款学生个人征信及还贷知识宣讲，进行学术诚信、网络诚信、劳动诚信、资助诚信教育，开展"防诈骗"金融安全宣传和特色诚信宣传教育，增强学生诚信意识、风险意识和感恩意识，引导树立正确的消费观、成才观和价值观。举办第七届全国大学生网络文化节和全国高校网络教育优秀作品推选展示活动，把倡导文明上网理念、纠正不良用网行为、教育引导网民提升网络素养作为重要内容，强化包括诚实守信在内的社会主义核心价值观教育引导，活动覆盖2300余所高校。广东省作为互联网大省和数字经济大省，把完善网络诚信建设体系作为经济社会高质量发展的重要支撑，在省网络文明大会网络诚信建设论坛上，让网络大V谈网络生态，说诚信体会；让老字号企业讲感人故事，谈诚信魄力；让公安民警和"南粤十大好网民"故事获奖者以新颖形式开展网络反诈宣传。

3. 典型案例相继曝光，有效塑造失信惩戒有利态势

2023年"3·15"晚会以"用诚信之光照亮消费信心"为主题，聚焦食品安全、医疗美容、养老诈骗、数字经济、质量安全等问题，曝光"'泰国香米'实为香精勾兑""'妆字号'产品违规用于美容注射""直播间苦情戏骗局""直播水军刷单"等行业内幕和消费"潜规则"，受到社会各界广泛关注。其中，涉及网络诚信领域的"直播间苦情戏骗局"通过编造低俗剧情，利用老人的同情心，将固体饮料、压片糖果等普通食品，当作"神药"卖给观看直播的老人们。各地市场监管等部门迅速行动，对违法违规和严重失信行为进行严肃处理。

2023 年 9 月，针对今日头条账号"心情特紧张"大量发布违背公序良俗、哗众取宠短视频，并涉嫌利用未成年人牟利，今日头条账号"Lcw 悠悠"长期选取家庭矛盾、婚恋生育、时政热点等话题，多次发布争议性、误导性言论，片面曲解公共政策、社会热点事件吸引眼球，引起网民反感等问题，网信部门、公安部门联合对账号相关主体进行调查并注销相关账号。2023 年 10 月，网信部门指导网站平台强化监测查证、开展排查整治，溯源关闭谣言首发账号，并对 8 起典型网络谣言案例进行通报。2023 年 11 月，公安部公布依法惩治网络暴力违法犯罪 10 起典型案例，最大力度铲除网暴滋生土壤，切实矫正"法不责众"的错误倾向，努力营造清朗网络空间。2023 年 10 月，最高人民法院发布 6 件涉民营企业、民营企业家人格权保护典型案例[1]，及时制止侵害民营企业、民营企业家名誉权等人格权的违法行为。主要新闻媒体和新媒体平台持续推出反诈系列报道，加强社会宣传教育防范，不断扩大宣传范围、提高宣传精度，持续掀起全民反诈、全社会反诈的新热潮。近年来，电信网络诈骗犯罪已成为发案最多、上升最快、涉及面最广、人民群众反映最强烈的犯罪类型。现实题材电影《孤注一掷》深入还原电信网络诈骗的内在逻辑和巨大危害，让观众深感震动、产生共鸣，充分认识到所谓的完美"恋人"、高薪"工作"、发财"机会"、轻松"兼职"等一些网络剧本"暗藏玄机"。

（四）社会参与更加积极，网络诚信主体责任进一步落实

1. 平台企业诚信营商意识普遍增强

当前，我国平台经济已进入创新、开放、规范、共赢的发展阶段，

---

[1] 最高人民法院新闻局：《最高法发布涉民营企业、民营企业家人格权保护典型案例》，中国法院网：https://www.chinacourt.org/article/detail/2023/10/id/7578825.shtml，2023 年 10 月 16 日。

对平台企业合规治理能力建设提出了更高要求。平台企业从加强内部制度建设入手，健全企业决策、内部监管、风险控制等制度，完善工作流程，加大对政策的学习和把握，不断提升在符合国家法律法规基础上的规范发展能力。加强企业诚信文化建设，重视员工诚信履历和从业规范，加强员工教育培训，加强政策宣传和合规引导，通过创新实现企业、平台、机构、商家的合作共赢，增强规范发展的良性互动。

建立信用评价。目前，各电子商务平台普遍建立信用评价体系，并依据平台自身掌握的信用信息和公共信用信息对电商经营者开展动态信用评价。比如，阿里建立独立的信用评价体系，评价对象既包括卖家，也包括买家；既包括企业，也包括个人。其中，"诚信通指数"是建立在企业诚信档案基础上的信用评分系统。京东平台专门建立第三方店铺信用评价体系，包括旗舰店、专卖店、专营店。其中，"京信用"评价体系反映商家在京东平台经营中的守信合规程度。拼多多对平台商家和买家分别建立信用评价体系。其中，商家信用评价结果共为五个等级：钻石、金牌、银牌、铜牌和垫底。评价结果会向商家反馈、向消费者公开。抖音对平台内所有商家（除全球购、即时零售商家）和抖音电商创作者[1]开展信用评价，其信用评价信息来源是平台自身积累的交易记录和消费者的信用评价。其中，每位抖音电商创作者（用户）信用分初始为 10 分，信用分上限为 12 分，对于违规情节轻微的扣 0.5—4 分不等，违规情节严重扣 2—12 分不等。美团平台对入驻商户和骑手开展信用评价，数据来源主要包括消费者评价和平台自有数据两部分。对商户的信用评价体系包括消费者评分、其他消费者评价内容、商户星级评分，对骑手的信用评价体系包括专送骑手服务星级、众包骑手等级，满足一定

---

[1] 抖音客户端及网页端平台（含火山版、简化版、极速版等其他版本），以及上述平台运营主体及/或其关联公司拥有或运营的其他平台开通商品分享功能的创作者用户。

条件的商户星级在美团平台上公开显示和识别优质骑手，等等。电商平台信用体系的建立，对消费者决策、平台管理和金融服务起到积极作用。

增强社会责任。发挥平台经济促消费的关键作用，聚焦消费侧、供给侧、消费支持等多向发力，加强供应链管理、促进产品升级、强化售后服务、保障支付安全、优化用户界面设计，不断改善消费条件、创新消费场景，充分释放消费潜力。2023年全年实物商品网上零售额130174亿元，按可比口径计算，比上年增长8.4%，占社会消费品零售总额比重为27.6%[①]。积极落实网站平台信息内容管理主体责任，依法打击虚假广告侵害消费者权益等行为，进一步规范电商主播言行，促进各类电商平台有序竞争、规范发展，积极维护健康良好的市场经济秩序。积极投身未成年人保护事业，积极投身乡村振兴，抖音、拼多多、腾讯、阿里、谦寻等企业积极助力首届数字乡村创新设计大赛，公益直播助农，助力民族地区发展。2023年，京东健康互联网医院全年日均在线问诊咨询量超45万人次，提升医疗资源和服务在全社会范围内的可及性与普惠性。

2. 主流媒体传播诚信理念积极主动

主流媒体机构有效发挥全媒体传播体系优势，把宣传网络诚信理念、普及网络行为规范，作为加强新时代诚信文化建设和网络文明建设的重要内容，以优质的内容供给，加强舆论引导、促进社会实践。

弘扬主流价值。坚持政治统领，用心用情用功做好习近平新时代中国特色社会主义思想网上宣传，促进党的创新理论网上传播入脑入心。坚守服务主阵地，深入宣传2023年中国网络文明大会部署的新任务新

[①] 国家统计局：《国家统计局：2023年社会消费品零售总额471495亿元》，中国新闻网：https://www.chinanews.com.cn/cj/2024/02-29/10171764.shtml，2024年2月29日。

要求，广泛报道网络诚信建设高峰论坛形成的新经验新成果，专题刊登年度网络诚信建设"十件大事"，在社会各界引起积极反响。坚持传播正能量、点赞正能量，深入推进中国正能量网络精品征集展播活动，有力压制网上不时出现的拜金主义、享乐主义、极端个人主义和历史虚无主义等错误思潮，及时批驳造谣、网暴、恶意炒作等网络乱象，鼓励理性发声，反对"低级红高级黑"，让诚实守信在全社会蔚然成风。

深化知识普及。坚持服务群众、服务社会，充分发挥媒体融合优势，以讲座录像、慕课视频、专家辅导等形式，依托"全民数字素养与技能提升平台"，免费开展政策法规宣讲和数字生活、数字工作、数字学习相关知识普及，加快弥合"数字鸿沟"，助力提升全民数字素养。坚持线上线下、立体宣传，举办全国数字乡村创新设计大赛，推出"网络文明素养微课堂""网络诚信·小课堂"，开展"信用知识百问百答""如何防范各类新型网络诈骗"法治微课堂等，通过潜移默化的宣传辅导，助力营造人人讲诚守信的社会氛围和网络环境。坚持突出重点、搞好培训，利用网络课堂、活动宣传、视频短剧等形式，面向重点人群开展日常生活中知信、用信、守信的方法普及，用生动通俗的网络诚信知识普及，使人们加深对"人无信不立"直观理解。

3. 社会组织参与诚信建设逐步深化

在政府主管部门支持引导下，我国网络社会组织、各互联网行业协会有效作为，积极参与网络综合治理体系建设和社会信用体系建设，助力提升行业自律水平，成为推进网络诚信建设的生力军。

重视活动引导，扩大社会影响。2023年中国网络文明大会网络诚信建设高峰论坛，围绕"网聚诚信力量，共享美好生活"主题，深入交流推进新时代网络诚信建设高质量发展的方法路径，发布"2022年中国网络诚信十件大事"、《中国网络诚信发展报告2023》和《互联网平台企业履行社会责任评估报告 2023》，为互联网平台企业履行社会责任典型案例颁发证书，充分展示年度网络诚信的发展状况和实践成果，向社会传递携手推进网络诚信建设的社会强音和向善力量。中国互联网发展基金会积极推进"网络安全万人培训资助计划"培训落实，发起的公益项目"网络扶贫汉藏双语手机捐赠公益项目"荣获第十二届"中华慈善奖"。中国宋庆龄基金会重视网络环境下未成年人健康成长，发布行动倡议、组织专题研讨、开展公益行动，积极投身于未成年人网络保护事业。

推进标准制定，突出实际应用。中国标准化研究院联合相关机构、企业共同编制的《企业信用评价指标》《公共信用信息报告编制指南》《从业人员信用档案建设与管理要求》等一批与网络诚信相关的国家标准相继出台。中国网络社会组织联合会（以下简称中网联）组织的《互联网弹窗信息推送服务要求》《互联网用户账号命名要求》《互联网企业ESG评估指南》《基于区块链的数据资产确权与交易规范》《元宇宙内容风险评估通则》等 5 项团体标准立项编制或发布施行。中国网络空间安全协会推动针对"隐私计算　删除控制技术要求""电子发票个人信息保护技术要求"等方面内容的团体标准制定工作，《个人信息保护与隐私计算》面向社会各界征求意见。中国互联网协会启动开展互联网企业信用等级评价工作。

共筑诚信社会，注重行业自律。首都互联网协会召开直播带货虚假宣传问题治理评议会，汇聚管理部门、业界专家、网站平台和妈妈评审团等多方智慧、共商解决之道。浙江网络社会组织联合会助力打造全民反诈数智应用平台，构建电信网络诈骗防范诚信体系。江苏省互联网行业联合会推动构建网络信用体系，助力打造线上线下全覆盖平台。广东省网络空间安全协会倾力打造网络诚信志愿服务队，深入学校、社区一线宣传网络安全知识、提升网络文明素养。湖北省互联网业联合会深入实施"好网民学校有约"志愿服务项目。

4. 社会各界推进网络诚信建设渐成自觉

随着互联网的日益普及，网络诚信作为网络空间的行为准则，日益成为千行百业所推崇的共同标准，日益成为亿万民众守信互信的共同坚守。

深入推进政务诚信建设。国务院部署展开依托全国一体化政务服务平台，建立政务服务效能提升常态化工作机制，从四个方面13条措施入手，"一网通办"能力显著增强，为创新政府治理、优化营商环境提供有力支撑。北京市以"网络即诉即办"推动网上群众路线走深走实，2023年，12345热线办理市民诉求1080万件，诉求解决率、满意率均提升1.57个百分点[①]。浙江省衢州市创新"网络信用监管智治应用"，实现网络信用评价结果在文化、旅游、生活消费、碳账户、医疗、金融等领域的结合运用。四川省南部县积极运用"互联网＋明厨亮灶"技术，将食品安全"亮"出来，真正实现线上线下透明放心的可视化用餐模式，让群众吃得放心、用得安心。

积极维护网络司法公信。司法机关充分借助"互联网＋"推动信息技术与执法办案融合发展，方便群众诉讼，提高办案效率，提升监管水平，有效推进审判体系和审判能力现代化，维护法律权威和社会公平正义。2023年，最高人民法院、最高人民检察院、公安部发布《关于依法惩治网络暴力违法犯罪的指导意见》，提出要依法惩治网络暴力违法犯罪活动，有效维护公民人格权益和正常网络秩序。检察机关起诉利用网络实施的犯罪32.3万人[②]。公安系统建立健全110报警服务台与12345

---

① 任珊：《千万件民生诉求的真情回应》，北京市人民政府网：https://www.beijing.gov.cn/ywdt/gzdt/202401/t20240108_3528013.html，2024年1月8日。

② 徐日丹：《2023年检察机关起诉利用网络实施的犯罪32.3万人》，最高人民检察院网：https://www.spp.gov.cn/spp/2024qglh/202403/t20240308_648111.shtml，2024年3月8日。

政务服务便民热线等平台高效对接联动机制，提高警情协同处置效能。北京互联网法院严惩网络暴力违法犯罪，强化对未成年人、老年人、残疾人等特殊受害群体的保护，先后审理"女童绑树视频案""软色情漫画充值案""短视频平台封禁恋童账号案""就医视频侵害未成年人人格权案"等案例，公开发布8个涉网络暴力的典型案例。

强化互联网金融诚信建设。平安证券帮助广大投资者建立正确投资、诚信投资理念，首创面向年轻群体的投教活动"平安财萌"，助益具备财经专业素养的广大青年更好地承担起中国经济发展参与者与建设者的角色；平安证券App推出"关怀版"功能，重点解决老年群体和残障人士的金融生活需求；深入开展互联网金融反诈，强化客户信息安全保护等系统功能升级，探索建立打击网诈行为的闭环流程管理。全国首家数字银行深圳前海微众银行，以行动践行"让金融普惠大众"的使命，推出系列防诈短视频，通过情景再现的方式，揭露当前流行的诈骗手段和伎俩，帮助消费者更好防范电信诈骗。截至2023年9月末，金融信用信息基础数据库收录11.64亿条自然人信息和1.27亿户企业和其他组织信息，有效满足金融机构信贷等业务对信用信息的需求，在促进融资、防范金融风险方面发挥重要作用[①]。

（五）网民诚信认知提升，网络诚信建设成效进一步凸显

中网联委托广东新兴国家网络安全和信息化发展研究院开展2023年中国网络诚信建设专题调查研究，从网络诚信建设的发展态势、网民认知、诚信行为、失信行为情况、问题原因、治理措施效果、网民诚信素养和文化建设等方面面向广大网民开展问卷调查。调查数据显示：

---

① 董彬：《我国征信体系建设进展如何？中国人民银行权威解读》，中工网：https://www.workercn.cn/c/2023-11-15/8049031.shtml，2023年11月15日。

1. 网民对网络诚信建设总体满意度有所提升

作为社会诚信在网络空间的具体体现，广大网民是网络诚信的实践主体，对网络诚信理念、守信互信的认知从被动地接受网上网下的宣传教育，逐渐深化为在使用互联网的过程中对网络社会规范、网络治理规则等一系列举措产生效果的真实体验，调查数据显示，75.98%的网民认为2023年网络诚信状况得到改善，较2022年提升2.98个百分点；5.52%的网民认为2023年网络诚信状况恶化，较2022年降低0.13个百分点。总体上看，广大网民群体对网络诚信建设整体情况的总体满意度有所提升。

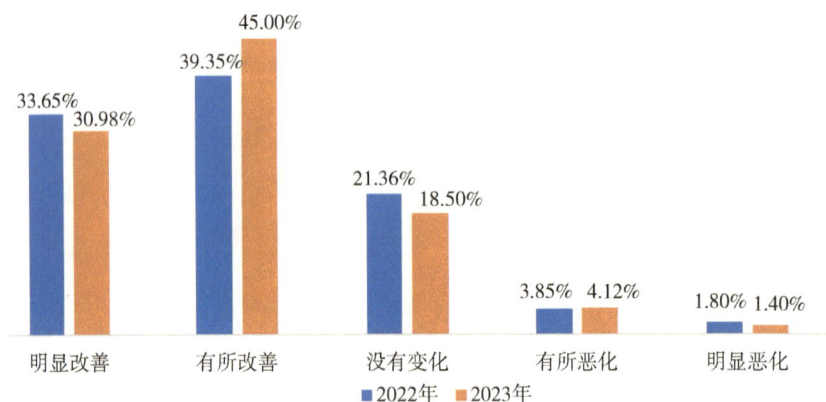

图1　2023年网络诚信状况评价感知

2. 网民对网络诚信状况改善的认识更加全面

2023年，党中央、国务院出台一系列宏观政策文件，相关部门，地方各级党委、政府发布一系列指导性文件、开展一系列专项行动，推动网络诚信建设政策供给更加优化完善、措施举措更加明确细化、惠民利民成果更加普及共享，推动网络诚信建设取得积极成效。调查数据显示，72.50%的被调查者认为政策法规不断完善是网络诚信状况持续改善的主要原因；65.48%的被调查者认为相关部门持续加大对网络违规失信问题的整治力度，为营造健康有序的网络环境奠定基础，广大网民对政策法规、专项行动等举措的知悉度有所提升。

图2 网络诚信状况改善的原因

3. 网民对网络诚信自律情况的评价更加客观

广大网民群体是网络空间活动的主要参与者，也是网络诚信的实践主体。网络空间诚信自律整体情况既包含网民对个人守信自律的评价，也包含网民对他人守信自律的评价。调查数据显示，76.75%的被调查者对网络空间诚信自律整体情况的评分在6分及以上。总体上讲，被调查者对广大网民在网络空间的诚信自律情况评价更具客观性。

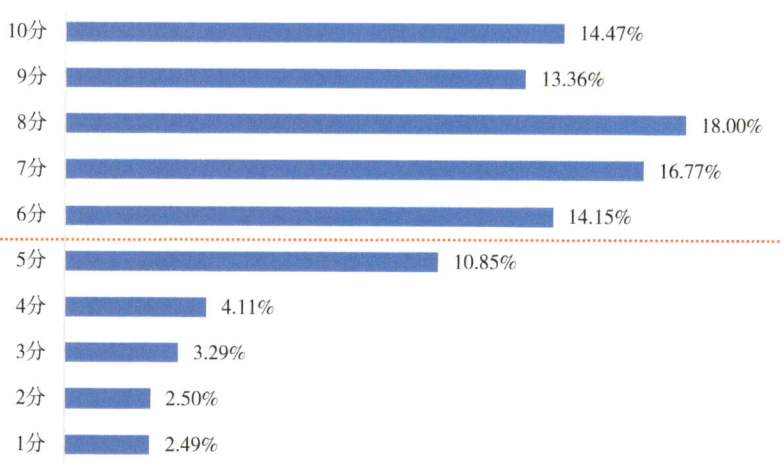

图3 网络诚信自律评价情况

4.网民对多元主体共同参与的共识更加广泛

随着网络诚信建设实践深入推进,主管单位、行业组织、企业、网民等多元主体共同践行网络诚信、共同维护网络诚信的合力不断凝聚,广大网民参与网络诚信建设的主动性、积极性不断提升。调查数据显示,61.78%的被调查者认为行业主管部门在政策制定、宣传教育、专项行动等方面发挥着第一位作用,为网络诚信建设提供方向指引和路径遵循;55.60%的被调查者认为网站平台作为丰富多样的网络应用与服务的提供者,应履行诚信自律责任;超五成被调查者将广大网民作为网络诚信建设的第三大主体。

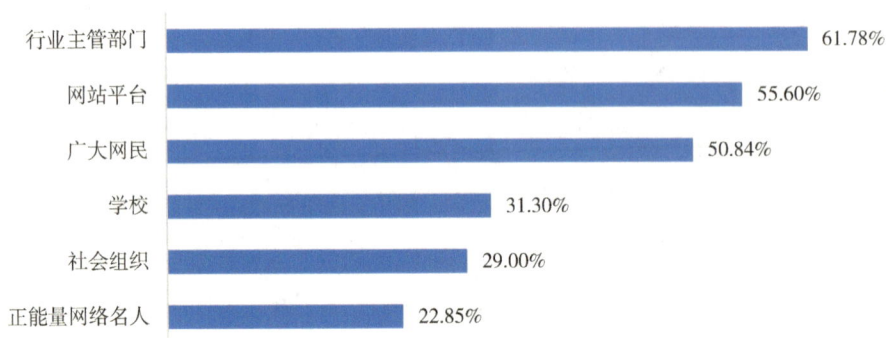

图4　网络诚信建设多元主体的作用

5.网民对政府部门发布网络信息信任度最高

随着政府诚信建设向纵深推进,政府机构及工作人员运用互联网的能力不断提升,政府部门提供权威信息的渠道载体更加丰富、方式方法更加及时高效。2023年,网民对政府部门发布的网络信息内容的信任度最高,占比70.16%,相比较2022年(65.07%)提升5.09个百分点。2023年,全民数字素养工程深入推进,网络普法宣传教育广泛开展,广大网民风险防范意识逐步提升。网民对网络"自媒体"、网红、大V发布信息内容的信任度最低,占比36.67%,较2022年下降10.07个百分点；广大网民对网络信息内容来源的辨识判断更加理性。

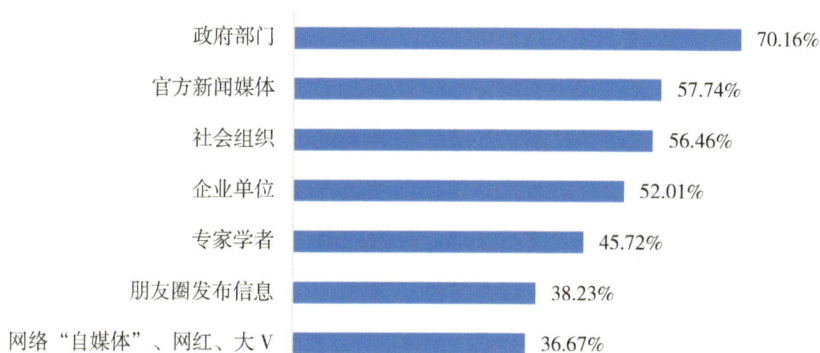

政府部门	70.16%
官方新闻媒体	57.74%
社会组织	56.46%
企业单位	52.01%
专家学者	45.72%
朋友圈发布信息	38.23%
网络"自媒体"、网红、大V	36.67%

图 5　网民对网络信息内容来源的信任度

6. 网民遭遇各类网络失信问题比例有所下降

2023 年，最高人民法院、最人民检察院、公安部、中央网络安全和信息化委员会办公室等部门聚焦人民群众反映强烈的电信网络诈骗、网络暴力等违法违规失信问题开展专项整治行动，依法打击处置失信主体和失信行为，切实维护社会公共利益和人民群众合法权益。调查数据显示，48.62% 的被调查者在上网过程中遭遇过违法违规失信问题，相比 2022 年下降 23.18 个百分点；没有遭遇过违法违规失信问题的占比较 2022 年明显提升。

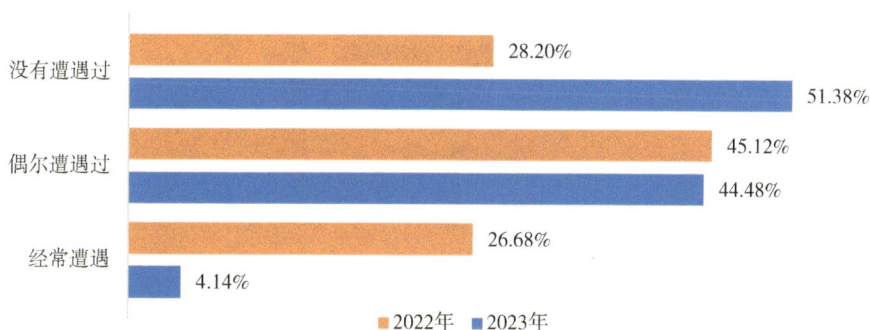

没有遭遇过	28.20% (2022年) / 51.38% (2023年)
偶尔遭遇过	45.12% (2022年) / 44.48% (2023年)
经常遭遇	26.68% (2022年) / 4.14% (2023年)

■ 2022年　■ 2023年

图 6　网民遭遇网络失信问题的比例

2023 年，全国网信系统依法依规查处各类网上违法违规行为，全年共约谈网站 10646 家，责令 453 家网站暂停功能或更新，下架移动应用程序 259 款，关停小程序 119 款，会同电信主管部门取消违法网站许可或备案、关闭违法网站 14624 家，督促相关网站平台依法依约关闭违法违规账号 127878 个[①]。

7. 网民应对网络失信遭遇的方式更加理性化

近几年，各有关部门通过搭建投诉平台、举报网站、服务热线等多种方式，加大对网络违法违规失信行为的采集与处置，形成较好的社会认知度和影响力，广大网民维权意识和维权方式更加理性化。2023 年，网民在遭遇网络失信问题时最常选择向中央网络安全和信息化委员会办公室（12377）、公安部（网络违法犯罪举报网站）、工业和信息化部（12300）、消费者协会（12315）、便民服务热线（12345）等有关部门官方渠道进行举报、投诉，占比 50.57%；向网站平台投诉占比 46.62%；打 110、96110（反诈）报警占比 35.42%；不再使用该服务、不采取任何措施的网民占比较 2022 年有所下降。

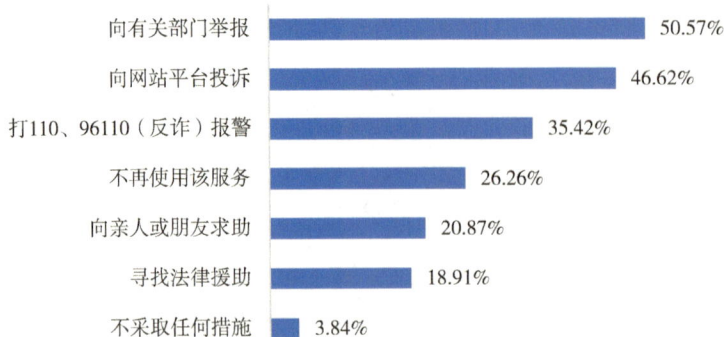

措施	占比
向有关部门举报	50.57%
向网站平台投诉	46.62%
打110、96110（反诈）报警	35.42%
不再使用该服务	26.26%
向亲人或朋友求助	20.87%
寻找法律援助	18.91%
不采取任何措施	3.84%

图 7　网民遭遇网络失信问题采取的应对措施

① 刘欣:《2023 年全国网信系统共约谈网站 10646 家》，法治网：http://www.legaldaily.com.cn/index/content/2024−02/01/content_8957290.html，2024 年 2 月 1 日。

8. 超五成网民对"自媒体"乱象治理表示满意

2023 年 7 月，中央网络安全和信息化委员会办公室发布《关于加强"自媒体"管理的通知》，从严查处"自媒体"违法违规行为，强化对"自媒体"全链条监管约束。2023 年，公安部组织开展"百日打谣"行动，坚决整治"自媒体"运营人员炮制谣言进行吸粉引流、非法牟利等行为，及时发现查处借热点舆情事件进行造谣传谣线索，重拳打击编造虚假警情、疫情、险情、灾情等违法犯罪活动，全国公安机关共侦办网络谣言类案件 4800 余起[①]，依法查处造谣传谣人员 6300 余名，依法关停违法违规账号 3.4 万余个，"自媒体"乱象得到有效治理。调查数据显示，超五成网民对 2023 年"自媒体"乱象治理效果表示满意。

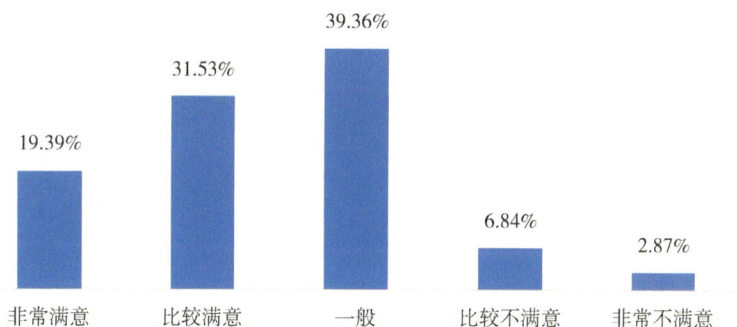

图 8　"自媒体"乱象治理效果满意度

9. 网民对新技术新业态发展的态度更加包容

2023 年 7 月，国家互联网信息办公室、国家发展和改革委员会、教育部、科技部、工业和信息化部、公安部、国家广播电视总局联合制定出台《生成式人工智能服务管理暂行办法》，主动适应新技术新业态快

[①] 公安部：《公安部举行依法严厉打击整治网络谣言违法犯罪活动成效新闻发布会》，国务院新闻办公室网：http://www.scio.gov.cn/xwfb/bwxwfb/gbwfbh/gab/202312/t20231228_824531.html，2023 年 12 月 22 日。

速发展态势，进一步明确发展规范和管理措施，有效处理虚假信息传播、个人信息泄露等广大网民关注的热点问题，在政策规范引导层面，为公众提供正确认识前沿技术应用带来的发展机遇和风险隐患的价值导向。调查数据显示，58.43%的被调查者认为对新技术发展应予以肯定并加强监管；27.99%的被调查者认为应采用人工智能生成内容专属标记，为广大网民提供清晰的判断指引。同时，57.41%的被调查者认为人工智能技术生成信息可能误导受众；40.18%的被调查者认为存在权责不清、追责难等问题，广大网民对新技术新应用的态度更加包容、理性，不会因有风险而彻底排斥，或因享有便利而完全赞同。

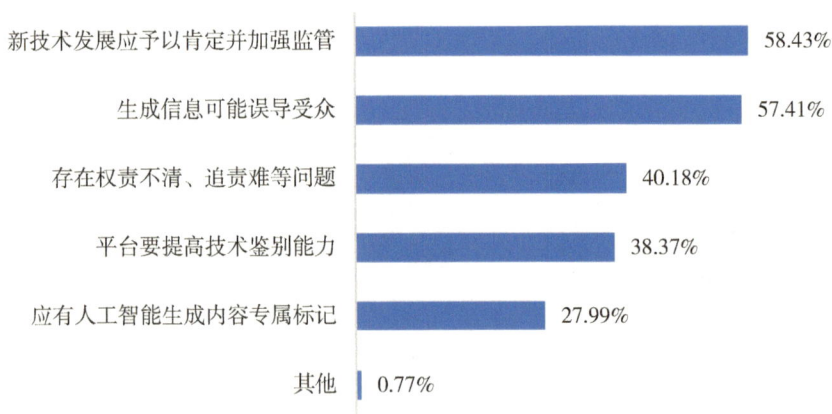

图9　网民对采用人工智能技术批量生成内容的态度

10. 网民对个人信息滥用治理效果评价较高

随着互联网、移动互联网迅猛发展，个人信息保护法律体系日趋完善。2023 年 9 月 11 日至 17 日是国家网络安全宣传周，其中，9 月 17 日是个人信息保护主题宣传日，深入宣传《个人信息保护法》等重要法律法规和政策文件。2023 年，超七成网民对个人信息滥用治理效果评价最高，对网络水军治理效果评价最低。最高法发布《关于审理使用人脸识别技术处理个人信息相关民事案件适用法律若干问题的规定》，对相关案件如何认定和处理予以明确。2023 年 1 月至 11 月，检察机关起诉侵犯公民个人信息犯罪 7300 余人。2023 年 1 月，工业和信息化部通报 46 款 App 及 SDK 侵害用户权益行为，涉及违规互联网弹窗信息推送服务、欺骗误导强迫用户、违规使用第三方服务、超范围收集个人信息、应用分发平台上 App 信息明示不到位及 App 强制、频繁、过度索取权限等问题[①]。

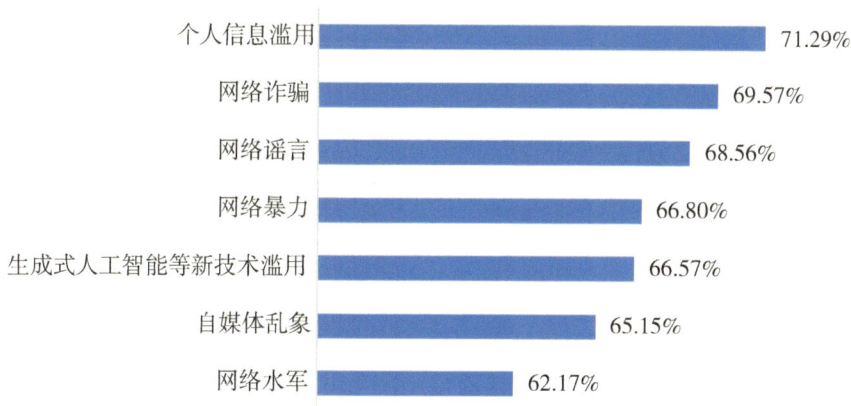

个人信息滥用　71.29%
网络诈骗　69.57%
网络谣言　68.56%
网络暴力　66.80%
生成式人工智能等新技术滥用　66.57%
自媒体乱象　65.15%
网络水军　62.17%

图 10　网络失信问题治理效果评价

三、10 年来我国网络诚信建设形成的新特点

自 1994 年全功能接入国际互联网以来，我国始终致力于推动互联网发展和治理，经过 30 年的发展，我国网信事业从发展起步到不断壮大，正由网络大国向着网络强国阔步迈进。2014 年，习近平总书记提出

[①] 工业和信息化部信息通信管理局：《关于侵害用户权益行为的 App 通报（2023 年第 1 批，总第 27 批）》，工业和信息化部网：https://www.miit.gov.cn/xwdt/gxdt/sjdt/art/2023/art_9705cbf4abd84068953807723d20442f.html，2023 年 2 月 8 日。

网络强国战略目标，10年来，我国互联网普及率连创新高、核心技术创新突破、电子商务强势崛起、互联网企业风起云涌、数字经济规模连续多年位居全球第二，我国的互联网已经成为有广度、有深度、有温度的互联网，广大人民群众从网络强国建设的伟大实践中不断增强获得感、幸福感、安全感。

10年来，网络诚信概念因网而生、网络诚信建设因网而兴，成为网络强国建设的重要内容，成为我们党管网治网的重要实践，成为中国网络文明建设的重要特征。经过社会各方的共同努力和探索创新，我国网络诚信建设已经形成鲜明特点。

（一）政治统领，体系推进

习近平总书记深刻指出："信息化为中华民族带来了千载难逢的机遇"，"网络空间是亿万民众共同的精神家园"。中央全面深化改革委员会第九次会议指出："要坚持系统性谋划、综合性治理、体系化推进，逐步建立起涵盖领导管理、正能量传播、内容管控、社会协同、网络法治、技术治网等各方面的网络综合治理体系，全方位提升网络综合治理能力。"10年来，我国网络诚信建设始终坚持以习近平新时代中国特色社会主义思想为引领，举旗铸魂、强基固本，强化统领、把牢方向，按照党中央决策部署统一谋划、统一部署、统一推进、统一实施。党和国家先后出台多部相关政策文件，有序有力推进网络诚信建设不断取得新进展新成效。从2014年6月国务院印发《社会信用体系建设规划纲要（2014—2020年）》①，到2021年9月中共中央办公厅、国务院办公厅印发《关于加强网络文明建设的意见》，其间国家出台多部法律法规对

---

① 《国务院印发〈社会信用体系建设规划纲要（2014—2020年）〉》，中国政府网：http://www.gov.cn/xinwen/2014-06/27/content_2708964.htm，2014年6月27日。

网络行为作出具体规范。党的二十大对"弘扬诚信文化，健全诚信建设长效机制"作出战略部署，明确了新时代新征程网络诚信建设的目标任务。在全国"一张网""一盘棋"网信工作体系下，网络诚信建设形成了国家主导、企业履责、社会监督、网民自律等多主体参与，经济、法律、技术等多手段相结合的工作格局，走出了一条担当作为、创新求实的网络诚信发展之路。

（二）多元共治，广泛参与

习近平总书记强调，"过不了互联网这一关，就过不了长期执政这一关"。10年来，我国网络诚信建设在党中央集中统一领导下，始终坚持围绕网信中心工作、自觉服务党和国家发展大局，按照网络综合治理体系建设部署和社会信用体系建设要求，充分激发调动各方面的积极性创造性，深入推进网络空间协同治理，形成职能部门齐抓共管、多元共治，社会各方广泛参与、共建共享的良好态势。国家层面，网络诚信建设重点工作、大项活动积极推进，有序有力；地方层面，网络诚信建设因地制宜，诚信理念宣介、诚信之星评选、诚信用网普及逐步深入；企业层面，网络诚信成为内精治理的必修课、外塑信誉的生命线，在平台内外积极架起信用之桥，极大地方便了人民群众的衣食住行；社会组织层面，网络诚信建设已经成为推进行业自律、助力建设良好网络生态的实际行动和活动品牌，网上网下同心圆工程越做越大；网民层面，依法用网、文明上网，规范约束、理性发声成为共同坚守，网络诚信为人民、网络诚信靠人民理念逐步具体，参与性更加广泛，共建网上美好精神家园、共筑互联网发展诚信基石，正在成为亿万群众的自觉行动。

（三）奖惩并举，重点突出

习近平总书记指出，"没有网络安全就没有国家安全，没有信息化就没有现代化""我们必须科学认识网络传播规律，提高用网治网水平，使互联网这个最大变量变成事业发展的最大增量"。10年来，我国网络诚信建设紧紧围绕我们党管网治网目标任务，坚持问题导向、效果导向，聚焦人民群众反映的突出问题，把推进守信激励与开展违法处置、失信惩戒结合起来，强化了网络空间的道德培塑和行为规范。一方面加强正向激励。中共中央宣传部、中央精神文明建设办公室、国家发展和改革委员会等通过评选"道德模范"、发布"诚信之星"，充分发挥诚信典型的引领示范作用，持续推动诚实守信、履约践诺成为全社会的价值追求和自觉行动。此外，我国银行业通过建立覆盖广泛的征信系统，一些地区和城市通过建立个人信用分，电商平台通过建立信用评价体系等守信激励措施，让普通百姓切身感受到数字社会的信用价值与诚信可贵。另一方面加强违规处置，从人民群众反映强烈的网上突出问题入手，聚焦重点领域，开展专项整治，在全国范围内组织"清朗""净网""护苗"等系列行动，集中整治网络谣言、网络诈骗、网络暴力、网络水军、网络戾气、网络欺凌、不良营销、虚假信息、"饭圈"乱象和危害未成年人身心健康等网络行为，采取依法打击、行政处罚、联动惩戒、标准规范等措施，切实净化网络生态，持续营造文明健康的网络环境。

（四）文化滋养，法治保障

习近平总书记指出，"要把文化自信融入全民族的精神气质与文化品格中，养成昂扬向上的风貌和理性平和的心态"，强调"加快数字中国建设，就是要适应我国发展新的历史方位，全面贯彻新发展理念，以信息化培育新动能，用新动能推动新发展，以新发展创造新辉煌"。10年来，网络诚信建设始终坚持把大力培育和践行社会主义核心价值观贯穿全过程，把传承讲信修睦、亲仁善邻的中华传统文化，与加强社会主义思想道德建设有效结合起来，用社会主义先进文化搞好教育引导、精神培植、阵地占领，弘扬主旋律，传播正能量，推进依法治网、依法办网、依法上网，让互联网在法治轨道上健康运行。强化重大活动宣传引导，通过举办网络文明大会、网络诚信大会，发布"中国网络诚信建设十件大事"、《中国网络诚信发展报告》，开展"诚信网事"短视频征集、"青诚之声"网络诚信云宣誓、"星诚之约"手势舞云传递等一系列重要活动，宣传思想、引领建设、交流经验、促进发展。强化网络空间行为规范，深入宣传贯彻《中华人民共和国网络安全法》《中华人民共和国数据安全法》《未成年人网络保护条例》等一系列法律法规，组织发布标准规范、公约倡议、职业守则，开展违规失信查处、案例警示教育等，维护法律秩序、恪守道德准则、促进理性平和。强化科技创新诚信向善，把诚信融入创新驱动发展战略实施的重要内容，加强数字技术创新与应用安全性建设，推进新技术、新产业、新业态、新模式健康发展，以网络诚信建设的实际成效促进和加快发展新质生产力。

第二章　多元发力

2023 年，中央和国家有关部门，地方各级党委、政府，社会组织，企业和网民等多元主体积极参与网络诚信建设，共同推动网络诚信建设在加强和创新网络信息内容建设、提高网络综合治理能力、提升全民数字素养与技能、促进行业健康发展、深入开展网络普法等网络强国建设实践中发挥着日益重要的作用。

一、强化统筹推进

2023 年，中央和国家有关部门坚持系统谋划、整体布局、突出重点，推动网络诚信建设取得显著成效。

（一）统筹网络诚信建设，以网信力量服务中国式现代化

2023 年，中央网络安全和信息化委员会办公室（以下简称中央网信办）在加强网上正能量内容建设、深化网络生态治理、推进网络文明建设等方面综合施策、重点发力，为网络诚信建设提供坚实保障。

1. 保护企业合法权益，优化营商网络环境

2023 年 5 月 31 日，中央网信办召开优化营商网络环境企业座谈会，学习贯彻习近平总书记关于优化营商环境的重要指示批示精神，听取部

分企业代表对优化营商网络环境的意见建议[①]，进一步加强网络侵权举报受理，进一步提升举报处置效果，进一步加强问题账号等管理，进一步加大宣传、辟谣和曝光力度等工作提出要求。

2023年4月24日起，中央网信办在全国范围内启动为期3个月的"清朗·优化营商网络环境保护企业合法权益"专项行动[②]，着力维护企业和企业家网络合法权益，着力治理编造传播虚假不实信息的网络乱象；部署指导地方网信办积极受理处置涉企业、企业家的不法信息，督促微信、微博、抖音等网站平台快速核查处置涉企投诉举报。专项行动期间，重点网站平台清理涉企虚假不实等信息8.6万余条，依法依约处置账号8425个[③]。

2023年8月31日，中央网信办印发《关于进一步加强网络侵权信息举报工作的指导意见》[④]（以下简称《指导意见》）。《指导意见》突出做好涉公民个人、企业法人网络侵权信息举报工作，要求开设线上涉企举报专区，健全举报查证机制，强化举报政策指导，重点受理处置侵害企业及企业家名誉的虚假不实信息、违法网站和账号，优化网上营商环境，支持各类企业做大做优做强。

2. 塑造主流舆论新格局，让正能量充盈网络空间

中央网信办联合教育部、中华全国总工会、共青团中央、全国妇联

[①] 中央网信办：《中央网信办召开优化营商网络环境企业座谈会》，中国网信网：https://www.cac.gov.cn/2023-06/01/c_1687265985774122.htm，2023年6月1日。

[②] 中央网信办秘书局：《关于开展"清朗·优化营商网络环境 保护企业合法权益"专项行动的通知》，中国网信网：https://www.cac.gov.cn/2023-04/28/c_1684238994177926.htm，2023年4月28日。

[③] 中央网信办：《"清朗·优化营商网络环境 保护企业合法权益"专项行动查处一批典型案例》，中国网信网：https://www.cac.gov.cn/2023-08/01/c_1692460647400775.htm，2023年8月1日。

[④] 中央网信办：《关于进一步加强网络侵权信息举报工作的指导意见》，中国网信网：https://www.cac.gov.cn/2023-09/15/c_1696347685563097.htm，2023年9月15日。

共同主办 2023 "好评中国" 网络评论大赛①。举办第五届中国互联网辟谣优秀作品发布会，评选活动以 "聚辟谣之力，扬文明之光" 为主题，共收到 800 多家政府部门、协会、机构、院校和个人报送的 1628 部作品，获奖作品涵盖经济民生、社会热点、科普知识等多个主题，聚焦社会关注、群众关切，以权威事实、科学思想、鲜活形式有力辟除谣言、传递真知，展现出强烈的社会责任意识和鲜明的网络传播特色②。主办 "团结奋进新征程，同心奋斗创伟业"③——2022 中国正能量 "五个一百" 网络精品征集展播活动，评选出网络正能量文字、图片、音视频、专题专栏和主题活动共 550 件作品，展示人们创造美好生活生动实践，充分发挥正能量激励人、鼓舞人、引领人的作用，推动网络生态环境不断优化，使互联网这个 "最大变量" 变成事业发展的 "最大增量"。主办 "全国网络普法行" 系列活动，推动网络法治走进千家万户、走进群众内心深处。

（二）推进依法治网，让互联网在法治轨道上健康运行

2023 年，国家司法部门加强顶层设计，深入开展专项行动，依法治理电信网络诈骗、网络暴力等违法犯罪现象，为构建清朗网络空间、促进网络诚信建设作出积极贡献。

2023 年 1 月至 11 月，检察机关共起诉各类网络犯罪 28 万人，同

---

① 中央网信办：《2023 "好评中国" 网络评论大赛在长沙启动》，中国网信网：https://www.cac.gov.cn/2023−03/31/c_1681904270150059.htm，2023 年 3 月 31 日。

② 中央网信办：《"第五届中国互联网辟谣优秀作品" 揭晓》，中国网信网：https://www.cac.gov.cn/2023−05/17/c_1685886733548644.htm，2023 年 5 月 17 日。

③ 中央网信办：《团结奋进新征程　同心奋斗创伟业　中国正能量 "五个一百" 网络精品征集评选展播今天启动》，中国网信网：https://www.cac.gov.cn/2022−12/31/c_1674119451948380.htm，2022 年 12 月 31 日。

比上升 35.5%，占全部刑事犯罪的 18.8%[①]。其中起诉利用电信网络实施的诈骗犯罪同比上升 63.5%。最高法发布《关于优化法治环境　促进民营经济发展壮大的指导意见》[②]，提出 10 条维护统一公平诚信的市场竞争环境的司法举措。2023 年 9 月，最高人民法院与最高人民检察院、公安部联合发布《关于依法惩治网络暴力违法犯罪的指导意见》（以下简称《意见》）[③]。《意见》提出，依法严惩网络暴力违法犯罪，对于网络暴力违法犯罪，依法严肃追究，切实矫正"法不责众"的错误倾向，要重点打击恶意发起者、组织者、恶意推波助澜者以及屡教不改者。2023 年，公安部积极开展打击治理网络谣言普法宣传工作。综合运用警情通报、新闻发布会、媒体采访报道、发布典型案例、线下宣传活动等多种形式，持续开展辟谣宣传和普法教育，在全社会营造打击整治网络谣言的浓厚氛围。

（三）切实履行主体责任，共同推动网络诚信建设提质增效

1. 中华全国总工会、中央网信办联合主办 2023 年"网聚职工正能量　争做中国好网民"主题活动[④]，主题活动共征集各类作品和案例 1.2 万余件，网民参与终选投票 3574 万余次。经过初筛、网络投票、专家评审等环节，共评选出歌曲 100 首、微视频 60 部、摄影作品 80 幅、诵

① 刘家埔：《2023 年前 11 月检察机关起诉各类网络犯罪 28 万人》，最高人民检察院网：https://www.spp.gov.cn/spp/zdgz/202402/t20240223_644631.shtml，2024 年 2 月 23 日。

② 最高人民法院：《最高法发布〈关于优化法治环境　促进民营经济发展壮大的指导意见〉》，央广网：https://law.cnr.cn/gzsp/20231011/t20231011_526447418.shtml，2023 年 10 月 11 日。

③ 最高人民法院、最高人民检察院、公安部：《关于依法惩治网络暴力违法犯罪的指导意见》，公安部网：https://www.mps.gov.cn/n6557558/c9221769/content.html，2023 年 9 月 25 日。

④ 高磊、韩文旸：《2023 年"网聚职工正能量　争做中国好网民"主题活动启动》，央视新闻客户端：https://content-static.cctvnews.cctv.com/snow-book/index.html?item_id=9436271037291677894，2023 年 3 月 29 日。

读作品 90 部、职工网络达人 50 名、网络评论作品 60 件、"互联网 +"工会普惠服务优秀平台 140 个、新媒体账号 60 个、"互联网 +"工会维权服务案例 60 个、创新活动 100 项。

2. 2023 年 8 月 9 日，商务部、国家发展和改革委员会、国家金融监督管理总局三部门联合发布《关于推动商务信用体系建设高质量发展的指导意见》，以高质量发展为主题，进一步发挥信用在提升商务领域经济活动效率和行政管理能力中的积极作用，从商务信用经济、商务信用管理、商务信用基础建设等三大方面，就如何推动我国商务信用体系建设高质量发展进行了具体工作部署。

3. 工业和信息化部开展首次反诈法执法检查，组建专项检查组，分赴北京、上海、江苏、广东、四川 5 省市，对 4 家基础电信企业集团公司及 7 家省公司、8 家互联网企业、3 家移动通信转售企业反诈法落实情况开展执法检查，依法对落实不力企业进行立案调查，压紧压实企业反诈主体责任，构建全链条风险防控机制，开辟源头治理"新思路"[①]。

4. 国家税务总局会同公安部等部门建立健全联动机制开展治理，联合中央网信办、国家市场监督管理总局，对涉税中介虚假宣传信息、开展恶意税收筹划等违法违规行为进行严肃查处整治，公开曝光一批性质恶劣的典型案件。聚焦"假企业"虚开发票、"假出口"骗取退税、"假申报"骗取优惠等涉税违法犯罪行为，积极联合相关部门开展精准打击，查处一批违法企业，打掉一批犯罪团伙。2023 年，累计查处骗取税费优惠违法案件 5042 起，检查涉嫌骗取出口退税的出口企业 2599 户，

[①]《深入实施〈反电信网络诈骗法〉信息通信行业反诈工作再上新台阶》，工业和信息化部网：https://www.miit.gov.cn/xwdt/gxdt/sjdt/art/2023/art_f52146c1deaa43e6913f43f5e0935b5f.html，2023 年 12 月 1 日。

挽回出口退税损失约 166 亿元[①]。

5. 国家税务总局、中华全国工商业联合会联合开展 2023 年助力小微经营主体发展"春雨润苗"专项行动[②]，推出"税惠助益强信心""实措纾困解难题""重点护航促成长"3 大类系列活动 12 项行动措施，着力锻长板、补短板、出实策、落实效，积极营造小微经营主体成长发展的优质环境。

6. 国家市场监督管理总局修订发布《互联网广告管理办法》（以下简称《办法》）[③]。《办法》进一步明确了广告主、互联网广告经营者和发布者、互联网信息服务提供者的责任；积极回应社会关切，对人民群众反映集中的弹出广告、开屏广告、利用智能设备发布广告等行为作出规范；细化"软文广告"、含有链接的互联网广告、竞价排名广告、算法推荐方式发布广告、利用互联网直播发布广告、变相发布须经审查的广告等重点领域的广告监管规则；新增广告代言人的管辖规定，为加强互联网广告监管执法提供重要制度保障，也为互联网广告业规范有序发展赋予新动能。

7. 国家市场监督管理总局印发《关于新时代加强知识产权执法的意见》（国市监稽发〔2023〕66 号，以下简称《意见》）[④]。《意见》提出加

---

① 赵建华：《2023 年中国税务部门查处涉嫌违法纳税人 13.5 万户》，国家税务总局网：https://www.chinatax.gov.cn/chinatax/n810219/n810780/c5220702/content.html，2024 年 1 月 19 日。

② 国家税务总局办公厅、中华全国工商业联合会办公厅：《关于印发〈2023 年助力小微经营主体发展"春雨润苗"专项行动方案〉的通知》，国家税务总局网：https://fgk.chinatax.gov.cn/zcfgk/c102424/c5215801/content.html，2023 年 5 月 19 日。

③ 国家市场监督管理总局：《市场监管总局公布〈互联网广告管理办法〉》，国家市场监督管理总局广告监督管理司网：https://www.samr.gov.cn/ggjgs/sjdt/gzdt/art/2023/art_2339593b2111448fbb8bdee5144eda61.html，2023 年 3 月 29 日。

④ 国家市场监督管理总局：《市场监管总局印发〈关于新时代加强知识产权执法的意见〉》，国家市场监督管理总局网：https://www.samr.gov.cn/xw/zj/art/2023/art_c75a73a571d14bada11a1dc744d2 6667.html，2023 年 8 月 15 日。

强互联网领域知识产权执法，严厉查处网络销售、直播带货中侵权假冒违法行为，督促电子商务平台经营者、平台内经营者落实"通知—删除—公示"责任。

8.国家市场监督管理总局组织开展2023年反不正当竞争"守护"专项执法行动[①]，以查处互联网不正当竞争行为为三大重点之一，严厉查处刷单炒信、网络直播虚假宣传等网络不正当竞争行为，为数字经济发展保驾护航。

9.2023年3月24日，文化和旅游部发布《文化和旅游部关于推动在线旅游市场高质量发展的意见》（文旅市场发〔2023〕41号）[②]，进一步加强在线旅游市场管理，保障旅游者合法权益，发挥在线旅游平台经营者整合交通、住宿、餐饮、游览、娱乐等旅游要素资源的积极作用，促进各类旅游业经营者共享发展红利，推动旅游业高质量发展。

10.商务部、中共中央宣传部、国家发展和改革委员会等13个部门共同举办2023年全国"诚信兴商宣传月"活动[③]，活动以"铸诚信、优环境、惠民生"为主题，通过发布诚信案例、发出诚信倡议、开展信用知识普及等多种形式，在全社会兴起诚信宣传的热潮。

11.国家版权局、工业和信息化部、公安部、国家互联网信息办公室四部门联合开展打击网络侵权盗版"剑网2023"专项行动，这是全国

[①] 国家市场监督管理总局：《市场监管总局开展2023年反不正当竞争"守护"专项执法行动》，中国政府网：https://www.gov.cn/lianbo/2023-04/21/content_5752504.htm，2023年4月21日。国家

[②] 文化和旅游部：《文化和旅游部关于推动在线旅游市场高质量发展的意见》，中国政府网：https://www.gov.cn/zhengce/zhengceku/2023-03/28/content_5748755.htm，2023年3月24日。

[③] 商务部新闻办公室：《2023年"诚信兴商宣传月"启动仪式成功举办》，商务部网：http://www.mofcom.gov.cn/article/xwfb/xwbldhd/202309/20230903439366.shtml，2023年9月11日。

持续开展的第 19 次打击网络侵权盗版专项行动[1]。行动以网络视频、网络新闻、有声读物为重点，强化作品全链条版权保护，推动建立良好网络生态。深入开展对重点视频网站（App）的版权监管工作，重点整治短视频侵权行为。深入开展新闻作品版权保护工作，着力整治未经授权转载新闻作品的违规传播行为。加强对知识分享、有声读物平台及各类智能终端的版权监管，着力整治未经授权网络传播他人文字、口述等作品的行为。以电商平台、浏览器、搜索引擎为重点，强化网站平台版权监管，压实网站平台主体责任。深入开展电商平台版权专项整治，重点规范浏览器、搜索引擎未经授权传播网络文学、网络视频等行为，推动重点网站平台企业开展版权问题自查自纠。

二、强化因地制宜

2023 年，各地在推进网络诚信建设方面取得显著成绩。

（一）加强诚信政府建设

天津市着力打造法治诚信政府[2]。落实《天津市关于完善政务诚信诉讼执行协调机制的工作方案》，完善市级政务诚信诉讼执行协调机制，推动各区建立政务诚信诉讼执行协调机制，进一步提升失信专项治理成效。紧密围绕城市信用状况监测评价，对标信用建设先进城市，持续更新市级部门、区域信用建设监测指标。完善政务诚信评价体系，更好应

---

[1] 国家版权局网：《国家版权局等四部门启动"剑网 2023"专项行动》，https://www.ncac.gov.cn/chinacopyright/contents/12227/358298.shtml，2023 年 8 月 29 日。

[2] 李揽月、朱波：《天津市政务诚信建设取得扎实成效》，国家发展和改革委员会网：https://www.ndrc.gov.cn/fggz/gbzj/xtfc/202212/t20221229_1344788_ext.html，2022 年 12 月 29 日。

用政务诚信评价结果。优化市政务诚信管理系统功能，加大政务信用信息归集整合力度，提升政务诚信主题库在法治诚信政府建设中的作用。

河北省着重在加强政务诚信建设、提升企业诚信水平、加强社会诚信体系建设及深化信用协同联动等4个方面提出16项工作任务[1]。实施优化市场经济环境、政务服务环境、民企发展环境、金融服务环境系列行动，全面落实减税降费、融资信贷等政策，健全产权保护、市场准入、公平竞争等制度，完善社会信用体系，加强政务诚信建设，深入开展全域营商环境综合评价。

贵州省制定发布2023年社会信用体系建设工作要点，推动信用信息记录、归集、共享、公开、使用、修复等各项工作法制化、规范化发展，构建以信用为基础的新型监管机制，营造公平诚信的市场环境和社会环境，为服务促进形成新发展格局提供有力支撑。[2]包括完善信用制度体系、提升信用建设法制化规范化水平，提升政府诚信水平、助力优化营商环境，推进重点领域信用建设、着力提升全省信用水平，加强信用平台建设、提升信用产品惠民便企质效，加强信用信息归集应用、推进"双公示"工作，提升信用监管能力、完善信用修复机制，加强组织实施保障、推进诚信文化宣传教育七大方面共28项工作要点。

（二）打造诚信营商环境

广西壮族自治区人民政府办公厅印发《中国（贺州）跨境电子商务

---

[1] 河北省社会信用体系建设领导小组办公室：《关于印发〈河北省社会信用体系建设2023年工作要点〉的通知》，信用中国（天津·河北）网：http://credit.tjhb.gov.cn/detail.do?contentId=02fe484db74a4e1a9d3db7e896c7e0c9，2023年4月10日。

[2] 贵州省发展和改革委员会、中国人民银行贵阳中心支行：《省发展改革委　人民银行贵阳中心支行关于印发〈贵州省2023年社会信用体系建设工作要点〉的通知》，信用中国（贵州）网：http://cx.guizhou.gov.cn/tongzhigonggao/202302/t20230228_78326719.html，2023年2月28日。

综合试验区实施方案》，明确建设跨境电商信用信息数据库，海关、税务、金融机构、市场监管等部门结合实际对跨境电商企业作出信用认证。鼓励第三方信用服务机构为政府、企业提供信息评价服务。建立综合评价体系，实现信用信息分类监管、部门共享、有序公开，通过事前准入禁止和事中全面查验，营造跨境电商良好发展环境[①]。

山西省开展"放心消费晋万家"主题宣传活动[②]，出台山西省放心消费示范单位、示范行业和示范区域等3项《评估细则》，全省758家创建主体列入"山西省放心消费示范创建培育库"，省市场监管局相关负责人表示，将积极培育一批放心消费创建示范对象，加快形成"放心消费、诚信经营"的营商环境和消费常态。

吉林省人民政府办公厅印发《吉林省2024年营商环境优化重点行动方案》[③]，强调要推进诚信建设，营造诚实守信、遵约践诺的信用环境。突出解决政务失信问题，整治拖欠中小微企业账款行为，发挥社会信用支撑作用，推动信用应用，提升政府公信力。

（三）持续开展专项整治

安徽省针对"自媒体"乱象开展专项整治[④]，组织工作专班全面摸排"自媒体"账号情况，重点围绕恶意炒作、违规盈利、篡改新闻等违

---

① 广西壮族自治区人民政府办公厅：《关于印发〈中国（贺州）跨境电子商务综合试验区实施方案〉的通知》，广西壮族自治区人民政府网：http://www.gxzf.gov.cn/zfwj/zxwj/t17468660. shtml，2023年11月16日。

② 郭亮：《山西省"放心消费晋万家"主题宣传暨〈消费者权益保护法〉颁布实施30周年宣传活动在晋中举行》，山西省市场监督管理局（知识产权局）网：https://scjgj.shanxi.gov.cn/ xwzx/dtyw/202403/t20240308_9516300.shtml，2024年3月8日。

③ 吉林省人民政府办公厅：《关于印发吉林省2024年营商环境优化重点行动方案的通知》，中国吉林网：https://news.cnjiwang.com/jlxwdt/sn/202402/3821741.html，2024年2月18日。

④ 叶晓：《我省从严整治网络"自媒体"乱象》，安徽省人民政府网：https://www.ah.gov.cn/ zwyw/jryw/564252571.html，2023年7月30日。

法违规行为开展专项治理，在全国率先集中曝光 100 个违法违规"自媒体"账号，清理违法违规信息 4 万多条，依法处置违法违规"自媒体"账号 2.7 万余个。针对网络谣言顽疾开展专项整治，建立省级网络辟谣联动处置机制，依托安徽网络辟谣平台，公开发布辟谣信息，清理涉皖谣言，关停造谣传谣账号，有效净化网络舆论环境。全系统部署"优化营商网络环境，保护企业合法权益"专项行动，坚决打击不法分子坑商毁商行为，有效维护企业合法权益。

江苏省公安机关累计侦破涉网犯罪案件 2.3 万余起，行政处罚违法违规互联网运营单位 368 家 / 次，下架违规 App 应用 422 款，整改网络安全高危隐患 2783 个 [①]。江苏省公安机关坚持严厉打击网络暴力、网络水军、网络谣言等突出违法犯罪活动，针对严重侵害网民合法权益、扰乱网络生态秩序的"网络暴力"违法犯罪活动，重点打击主要施暴者，依法查处恶意推波助澜者，教育警示起哄跟风者。

（四）宣传弘扬诚信文化

北京市举办首届"百业万企"共铸诚信文明活动推进会 [②]，发布首批"诚信品牌企业"名单、"共铸诚信企业"名单。各行业协会商会组织动员 3700 余家会员企业，通过北京市诚信自律公共服务平台进行"自主亮信""诚信经营承诺""诚信兴商倡议"，自觉接受社会监督。组织成立"首都诚信之星宣讲团"，开展诚信宣讲活动。推出《诚信北京》专题栏目，持续宣传倡导公平竞争、诚信经营、文明服务理念。坚持开展

[①] 胡兰兰：《江苏"净网 2023"行动侦破涉网犯罪案件 2.3 万余起 亮出法治利剑 整治网络乱象》，江苏网信网：http://www.jswx.gov.cn/zhengce/zhifa/202309/t20230915_3284740.shtml，2023 年 9 月 15 日。

[②] 田智钢、成贵男：《首届"百业万企"共铸诚信文明北京活动推进会举行》，北京时间网：https://m.btime.com/item/router?gid=25stchd7qjb4fqlnvbn5aptvbk3，2023 年 6 月 9 日。

"诚实做人，守信做事""诚信兴商宣传月"以及信用进企业、进社区、进校园、进商圈、进园区、进大厅主题宣传教育活动，诚实守信社会氛围不断浓厚；在重点领域开展有温度的"北京服务"专题活动，制定完善服务质量标准规范，组织实施服务质量监督评价，加大对旅行社、星级酒店、等级景区、在线旅游平台、文化艺术类校外培训机构进行"风险＋信用"评价和分级分类监管力度，持续提升服务质量。

广东省人民政府办公厅印发《关于推进社会信用体系建设高质量发展服务和融入新发展格局的实施方案》[①]，提出加强新时代诚信文化建设。广东省委网信办、广东省文明办主办 2023 广东网络文明大会。发布《"汇聚向上向善力量 涵养刚健朴实文化"倡议书》。举办"加强网络诚信建设，共筑美好网络家园"主题分论坛。从互联网企业诚信文化建设入手，在全国率先成立市委互联网企业工委，推进互联网企业党建工作，从而提升企业网络诚信水平和风险防范能力。首次在全省范围举办"诚信之星"评选活动，充分发挥典型的示范引领作用，持续在社会面弘扬诚信文化、推进诚信建设。

（五）推进信用体系建设

江苏省印发《关于加强个人诚信体系建设的实施意见》[②]，规范 18 周岁以上自然人信用记录和共享使用，完善个人信用信息安全、隐私保护与信用修复机制，大力实施守信激励与失信惩戒，积极营造知信守信用

① 中共广东省委办公厅　广东省人民政府办公厅:《关于推进社会信用体系建设高质量发展服务和融入新发展格局的实施方案》，广东省人民政府网: https://www.gd.gov.cn/zzzq/gdyw/content/post_4307134.html，2023 年 12 月 27 日。

② 江苏省人民政府办公厅:《关于印发加强个人诚信体系建设和全面加强电子商务领域诚信建设实施意见的通知》，江苏省人民政府网: https://www.jiangsu.gov.cn/art/2023/11/20/art_46144_11075693.html，2023 年 11 月 13 日。

信的良好社会氛围。印发《关于全面加强电子商务领域诚信建设的实施意见》，旨在建立健全电子商务领域诚信体系，褒扬诚信，惩戒失信，营造良好的市场信用环境。

海南省以高位推进和顶层设计相结合，有力推动社会信用体系建设，信用应用场景成效明显，信用数据归集共享效能明显提升，截至2023年底，全省创建信用应用场景近百个[①]；个人诚信积分"金椰分"年内注册用户突破50万人，与杭州等6市实现"跨省互认"异地激励。全省实施信用监管领域达45个，信用等级审批全省铺开，全年17万次办件享受告知承诺、容缺受理、信用免审、审批提速等激励。

新疆维吾尔自治区发布《自治区推进社会信用体系建设高质量发展三年行动方案（2023—2025年）》[②]，提出六方面重点任务24条具体措施，深入推进重点领域诚信建设，深化互联网诚信建设。推进电子商务领域诚信建设，指导网络平台建立用户分级管理制度，强化网络直播监管；加强个人信息保护，严格落实网络实名制；加大网络借贷等各类互联网领域违规失信行为的惩戒力度。自治区市场监管局开展"社会共治，同心携手维护守法诚信市场环境"的经营主体守法诚信宣传月活动，"丝路有信"新疆企业信用码系统上线运行。

山东省印发《〈关于信用赋能服务经营主体发展的若干措施〉的通知》[③]，共提出5个方面17条具体措施。主要包含信用培育工作的开展、

① 李梦瑶：《我省已创建信用应用场景近百个》，海南省人民政府网：https://www.hainan.gov.cn/hainan/gdxw/202401/6f179404a67e424daf2f01cd80789318.shtml，2024年1月27日。

② 新疆日报：《新疆：〈自治区推进社会信用体系建设高质量发展三年行动方案（2023—2025年）〉》，信用中国网：https://www.creditchina.gov.cn/zhengcefagui/zhengcefagui/difangzhengcefagui1/202312/t20231225_328072.html，2023年12月27日。

③ 山东省市场监督管理局：《山东省市场监督管理局印发〈关于信用赋能服务经营主体发展的若干措施〉的通知》，山东省市场监督管理局（知识产权局）网：http://amr.shandong.gov.cn/art/2023/9/4/art_76524_10304316.html，2023年9月4日。

经营主体年报便捷度的提升、建立信用监管包容机制、优化信用修复服务及加强诚信文化建设。明确建立完善统筹推进美德山东和信用山东建设工作协调机制，倡导新时代美德健康生活方式，推动公民诚信意识和社会诚信水平不断提升。

四川省以成渝地区双城经济圈建设为总牵引，以"四化同步、城乡融合、五区共兴"为总抓手，坚持"讲政治、抓发展、惠民生、保安全"工作总思路，走出一条把握时代大势、符合发展规律、体现四川特色、服务国家全局的现代化之路。[①]2024年的社会信用体系建设工作要点，紧紧围绕加强信用法规制度标准建设、加强公共信用信息归集共享、进一步强化和规范"双公示"工作、全面推广信用承诺和告知承诺制、协同推进信用监管、规范信用信息修复工作、加强城市和农村信用体系建设、深入推进"信易贷"工作、创新"信易+"应用场景、规范和培育信用服务市场、深化川渝信用协同发展、加强信用宣传教育等12个方面提出42项工作任务。

上海市紧紧围绕充分发挥社会信用功能、拓展守信激励应用场景、构建以信用为基础的新型监管机制、优化信用平台数字化支撑体系及健全诚信建设长效机制等5个方面提出16项工作任务[②]。在信用便民惠企应用场景开发方面，要求在全市41个主要执法领域分两批推行市场主体以专用信用报告替代有无违法记录证明，实现数据多跑路、企业少跑腿，进一步便利企业上市融资、招投标等经营活动。实现"信用就

---

① 郑备：《以成渝地区双城经济圈建设为总牵引 乘势而上推动区域协调发展向更高水平迈进》，四川省人民政府网：https://www.sc.gov.cn/10462/10778/10876/2022/12/22/11addcf6573c438b b245e0fd343d214d.shtml，2022年12月22日。

② 上海市人民政府办公厅：《上海市人民政府办公厅关于本市加快推进社会信用体系建设构建以信用为基础的新型监管机制的实施意见》，上海市人民政府网：https://www.shanghai.gov.cn/ gwk/search/content/243d80b5bcce484a8266438f7fdb5f49，2023年6月21日。

医"全市公立医疗机构和全市医保正常参保用户全覆盖，持续完善"信用就医无感支付"服务，加快上线"信用就医"数字人民币支付，进一步优化就医体验，着力营造良好信用氛围。

内蒙古自治区着力从贯彻落实信用建设规划政策、提升信用信息归集共享水平、深入推进政务诚信建设、拓展信用信息应用场景、做好2023年信用宣传月活动等5个方面有序推进各地区、各行业、各领域信用建设。充分运用公共信用评价、信用评级、行业监管信息、诚信典型等信息，建立风险可控、高效便捷、惠民便企的信用融资新模式。

（六）筑牢市场诚信基石

陕西省在2023年政府工作报告中提出："完善市场准入、公平竞争、社会信用等市场经济基础制度，实施公共信用信息目录制管理，推进产权保护法治化持续化常态化，加快服务和融入全国统一大市场。"[①] 建立完善各行业领域严重失信行为认定标准等信用建设和管理制度。加快建立完善表彰奖励、示范创建管理、公共信用信息服务等方面配套制度，制定印发及按期启动目录、清单版本更新迭代，应用于公共信用信息纳入、失信认定、失信惩戒措施实施等重点环节，依法依规实施守信激励和失信约束。

浙江省提出迭代"浙里信用监管和服务"重大应用，完善"浙里信用服务"功能，按照"成熟一个、上线一个"原则，指导推动地方更多便民惠企应用场景集成上线[②]。推进社会化应用产品池建设，探索建立

---

① 陕西省人民政府：《陕西省2023年政府工作报告》，陕西省人民政府网：http://www.shaanxi.gov.cn/zfxxgk/zfgzbg/szfgzbg/202301/t20230119_2272466_wap.html，2023年1月19日。

② "源点credit"微信公众号：《各省2023年信用建设工作要点（第三批）》，信用中国（四川）网：https://credit.sc.gov.cn/xysc/c100002/202305/6f0883bbae904a5296246f005c3b7645.shtml，2023年5月16日。

省信用大数据实验室，开拓"信用+"市场化应用场景，鼓励使用信用评级等信用产品，培育壮大信用服务市场。谋划建立信用服务产业统计体系。

三、强化主体责任

2023 年，广大互联网企业通过提高信息透明度、确保产品质量、履行服务承诺等多种方式，不断提升自身的诚信度。

（一）积极参与协同治理

天眼查"假冒国企预警监测模型"助力打击侵权行为。天眼查开发假冒国企预警监测模型，对中央企业公告的假冒国企进行标注并跟踪其动向。

平安证券警企联动保护人民群众财产安全。平安证券积极与中国信通院、深圳公安部门合作，优化用户个人信息安全保护、反网络诈骗等系统功能，摸索出一套打击网络诈骗行为的闭环流程。与深圳网警、深圳广电密切联系，积极参与全国首档网络安全电视节目《网安天下》的策划执行，围绕金融反诈、网络信息安全等专题，多次组织公司法律、消保领域高管参与节目，在金融消费者教育和安全保护方面不断探索创新。

（二）维护用户合法权益

滴滴平台推出"乘客遗失物品协助找寻服务"。针对乘客遗失物品的难点问题，组建专业客服团队协助用户寻找遗失物品，用户发现物品遗失时可使用 App 上的"失物寻找"功能，使用虚拟号码与司机沟通联系，请司机定向接单送回或直接寄回遗失物。

58同城"求职反诈安全周"守护用户求职安全。58同城通过搭建平台风险预警监控，借助大数据算法模型、举报反馈，以及人工审核等方式圈定出"异常"诈骗分子，从源头处拦截诈骗行为。通过增加安全防范知识链接，用短片演示、典型诈骗类型总结等形式，对刷单诈骗、投资诈骗、电商欺诈、收取费用诈骗等骗局进行拆解，总结提出五大"反套路"技巧，帮助求职者甄别诈骗陷阱，在岗位详情页面增加"58安全提醒"警示，帮助求职者"避坑"。

（三）促进行业合规发展

淘宝直播推出可视化"合规安全码"，提升主播合规安全意识。可视化信用评价指标"合规安全码"，通过不同颜色直观展现主播信用等级，主播通过扫码进行内容合规诊断，获得针对性合规建议。

得物"先鉴别、后发货"打造信任消费环境。得物首创"先鉴别、后发货"的电商服务模式，通过专业化、可溯源、可查询、责任明确、售后有保障的商品查验鉴别交易服务满足消费者需求。面向不同消费领域推出鉴别标准，包括"鞋类鉴别团体标准"、"化妆品鉴别团体标准"和"钟表鉴定团体标准"。

满帮货主信用体系赋能公路物流行业信用建设。货主信用评级体系推动正向引导和负向管制举措相结合，鼓励货主规范诚信经营，在交易过程中积极发货并规范发货行为，完成相关资质认证、减少不必要的订单取消、及时结算运费等，通过考核关键指标测算，同步展示货主的正负向标签，帮助众多司机了解、识别货主，选择订单。围绕货主信用等级，配套设计针对货主群体的完整成长机制。货主可以通过学习信用评分规则、线上支付等方式增加一定的信用分，规范经营，形成更健康、更透明的平台生态。

叮咚买菜"清洁标签计划"倡导食品行业清洁理念。叮咚买菜率先制定针对烘焙、米面制品、预制菜、调味料、糖巧零食等不同品类的清洁标签企业标准，将"拒绝多余添加、非必要不添加"理念引入食品电商领域，对在架商品开展食品添加剂的清洁认证。在自有商品开发和品牌商品的筛选中，重点优先配料表更简洁、成分更天然的商品，呼吁行业合理使用食品添加剂，让消费者能够全面、科学地了解食品行业，推进行业的良性和可持续发展。

（四）创新普法宣传教育

支付宝推出"多懂一点"知识平台开展个性化普法宣教活动。通过线上专栏、城市定制专题活动、专家专题分析等个性化、可借鉴、可复制普法宣教活动，组织开展"响应中消协活动倡议'提振消费信心，我们在行动'企业良好举措展示""浙江省互联网违法和不良信息举报宣传周""征信业管理条例十周年""信用关爱日科普""网络安全周科普"等多场线上创新学习活动，良好的科普形式、完善的运营链路。

微众银行通过多种渠道联合相关合作伙伴、执法部门进行反诈行动和科普工作。微众银行推出系列防诈短视频，如《冒充公检法，电诈请当心》等，以趣味向、剧情向、科普向等多元化视频内容，揭露当前流行的诈骗手段和伎俩，呼吁消费者警惕相关虚假、诈骗信息，保护个人信息和财产安全，提高消费者防诈意识，守护好"钱袋子"。

（五）数字赋能网络诚信建设

贝壳"智慧工地系统"打开家装"黑匣子"。建立智慧家装平台，将每一项施工作业和每一个验收环节都尽可能变成可量化的数据和指标，最大限度实现标准化、规范化。通过"360°灯式摄像头"等硬件系统，利用三维融合技术，方便客户和服务者随时随地三维漫游看直播，让工地更透明；通过 AI 技术及智能算法，对工地现场不文明的吸烟、不规范作业等行为进行提示，对工期延迟情况进行预警；7×24 小时进行工地巡检，保障工地安全，让整个装修服务随时随地"看得见"。

四、强化宣传引导

2023 年，主流媒体积极推进网络诚信宣传工作，引导公众树立正确的网络诚信观念。

温州新闻网借鉴博物馆概念，利用网络技术建立"网上诚信馆"，发动网民寻找身边诚信故事，将发生在身边的诚信故事用"数字藏品"的形式记录下来，体现趣味化、亲民化。馆内收录"谢岩斌千里还债""诚信老爹吴乃宜替子还债""王振滔剪毁不达标鞋子""温州老板为承诺抵押百万豪车救助陌生女童""快递哥归还巨款""诚信小铺"等网络诚信案例百余个，设置"温州诚信大事记"板块，以时间轴形式体现温州诚信建立的历程，以老照片真实还原一幕幕历史场景，让专题在温度之外更添厚度。

华律网不断完善线上普法体系，秉承"开放、创新、合作、共享"的理念，专注法律行业数字化创新，致力于打造"互联网＋法律生态网络"。搭建普法专题，下设"网信普法专栏""精选法律知识""法律微课堂""华律知识库""法律案例解析""问题在线解答"等栏目，全方面、多角度、立体化普及互联网相关法律法规知识，及时准确做好互联网法律疑问解答。

五、强化行业自律

2023 年，各级社会组织通过举办各种诚信教育活动，提高公众对网络诚信的认识和重视，积极倡导行业自律，监督并引导企业遵循诚信原则。

中网联发布《中国网络诚信发展报告 2023》，系统梳理 2022 年我国网络诚信建设的总体进展和积极成效，总结分析网络诚信建设的经验和挑战，成为展示我国网络诚信发展成就的重要载体。发布"2022 年中国网络诚信十件大事"、《互联网平台企业履行社会责任评估报告 2023》，指导互联网平台加强信用建设、履行社会责任，通过标准制定宣传、培训研讨交流活动，助力平台经济规范健康发展。

2023 年 3 月 15 日，常州市网络文化协会、常州市企业诚信公益责任促进会在常州市消费者权益保护委员会指导下，联合中吴网、化龙巷等属地重点网站和"自媒体"，组织以"诚信"为主题的品牌发声活动。线上邀约各行业领军人物，围绕诚信消费主题，拍摄品牌发声短视频，倡导"与我一起共建诚信，共筑美好常州"，设置活动专区进行线上宣传。发起成立"常州市'3·15'诚信自律承诺企业联盟"，组织开展消费者权益保护宣传进社区活动，精选"预付卡退款难""医美遭遇陷阱""购买到假冒伪劣商品"等类消费者权益受到侵害的典型案例进行宣传解读。

第三章　专题研究

2023 年，我国网络诚信建设在整体推进的同时，聚焦未成年人网络保护、电子商务领域信用建设、新技术应用等社会各界关注的热点问题，中央和国家有关部门，地方各级党委、政府，社会组织等发布一系列政策文件、开展一系列专项行动、举办一系列宣传活动、发起一系列行业倡议，进一步推动网络诚信在保护网民合法权益、优化营商网络环境、信息技术惠民利民等方面发挥重要作用。

一、未成年人网络保护

未成年人身心健康成长关乎国家前途和民族命运，关乎每一个家庭的幸福安宁。近几年，我国未成年网民规模不断扩大，2022 年未成年网民规模已突破 1.93 亿，未成年人互联网普及率从 93.7%（2018 年）增长至 97.2%（2022 年）[①]，互联网已融入未成年人生活、学习各方面。随着教育数字化、娱乐数字化等深入发展，智能手表、智能词典等新型电子

---

① 中国互联网络信息中心（CNNIC）：《〈第 5 次全国未成年人互联网使用情况调查报告〉发布》，中国互联网络信息中心网：https://www.cnnic.net.cn/n4/2023/1225/c116-10908.html，2023 年 12 月 25 日。

设备普及应用，未成年人触网、用网低龄化趋势愈加明显，使用各类互联网应用的广度和深度明显提升，与网络空间相关的侵害未成年人合法权益的问题变得更加广泛、复杂。由于未成年人心智发育不够成熟，数字技能、网络诚信素养、网络安全防范意识不足等原因，网络暴力、隐私泄露、网络诈骗等违法违规失信问题对未成年人身心健康造成不同程度的负面影响，切实有效保护未成年人在网络空间的合法权益成为社会各界关注的热点问题。

（一）筑牢未成年人网络保护法治防线

2023 年 10 月 24 日，《未成年人网络保护条例》（以下简称《条例》）颁布，作为我国出台的第一部专门性的未成年人网络保护综合立法，充分体现了党和国家对未成年人成长成才环境的高度重视和深切关怀，标志着我国未成年人网络保护法治建设进入新阶段。

一是《条例》进一步健全完善未成年人保护法律法规体系。不同于《未成年人保护法》中增设的"网络保护"专章，《条例》坚持最有利于未成年人的原则，将未成年人定位为重要的网络使用者，而不仅仅是被保护对象，积极适应未成年人身心健康发展和网络空间规律特点，内容涵盖健全未成年人网络保护体制机制、促进未成年人网络素养、加强网络信息内容建设、保护未成年人个人信息、防治未成年人沉迷网络等五个方面。在立法思路上，注重处理好《条例》与相关法律法规的关系，细化《中华人民共和国未成年人保护法》《中华人民共和国个人信息保护法》《中华人民共和国网络安全法》等已有制度中涉及未成年人保护的有关内容，将未成年人网络保护实践中成熟有效的做法上升为制度规定，提出的保护措施均着眼于引导未成年人合法用网、安全用网、诚信用网，切实用法治的规范、法律的权威筑牢未成年人网络保护的坚实屏障。

二是《条例》聚焦突出问题，具有很强针对性和可操作性。把营造有利于未成年人身心健康的网络环境、保障未成年人合法权益作为重要要求，明晰网络沉迷、隐私保护、不良信息等不同情形的法律责任。在网络信息内容建设方面，加强对涉及未成年人身心健康内容的规范，明确有利于未成年人健康成长的网络信息规范，规定国家鼓励和支持制作、复制、发布、传播有利于未成年人健康成长的网络信息，同时，加强对危害未成年人身心健康、可能影响未成年人身心健康的网络信息的规范，明确网络产品和服务提供者发现危害或者可能影响未成年人身心健康信息的处置措施和报告义务。在个人信息保护方面，规定监护人教育引导未成年人增强个人信息保护的意识和能力、指导未成年人行使相关权利等义务，提出个人信息处理者严格设定未成年人个人信息访问权限、开展个人信息合规审计的要求等。在网络沉迷防治方面，要求网络服务提供者应当合理限制不同年龄阶段未成年人在使用其服务中的消费数额，防范和抵制流量至上等不良价值倾向，要求网络游戏服务提供者建立、完善预防未成年人沉迷网络的游戏规则，对游戏产品进行分类并予以适龄提示。

三是《条例》为提升未成年人网络诚信素养奠定基础。把促进未成年人网络素养作为重要内容，明确网络产品和服务提供者、学校、家庭等多方责任义务。规定未成年人用户数量巨大或者对未成年人群体具有显著影响的网络平台服务提供者应当履行的未成年人网络保护的责任义务，要求网络产品和服务提供者建立健全网络欺凌行为的预警预防、识别监测和处置机制。强化学校、父母或其他监护人网络素养教育责任，明确将网络素养教育纳入学校素质教育内容，改善未成年人上网条件，建立健全学生在校期间上网管理制度，提供优质的网络素养教育课程。

明确未成年人网络保护软件、专门供未成年人使用的智能终端产品的功能要求，禁止任何组织和个人对未成年人实施网络欺凌行为。

四是《条例》把社会共治作为未成年人网络保护的重要模式。明确有关政府部门、学校、家庭、行业组织和新闻媒体等各方主体的责任。规定网络产品和服务提供者、个人信息处理者、智能终端产品制造者和销售者等的保护义务，针对未成年人用户数量巨大或者对未成年人群体具有显著影响的平台，提出开展未成年人网络保护影响评估、提供未成年人模式或者设置未成年人专区、建立健全未成年人网络保护合规制度体系等特殊义务要求。推进对未成年人权益的司法保护，明确违反条例规定、侵犯未成年人合法权益行为的法律责任，与治安管理处罚法、刑法等相衔接，提供有法可依、有法可循的坚实保障。

（二）保护未成年人网络空间合法权益

1. 严惩涉未成年人网络暴力犯罪

近年来，未成年人网络暴力问题成为社会各界关注的热点问题，最高法、最高检、公安部、中央网信办等先后出台《关于办理利用信息网络实施诽谤等刑事案件适用法律若干问题的解释》《关于切实加强网络暴力治理的通知》《关于依法惩治网络暴力违法犯罪的指导意见》等一系列指导性文件，加大力度惩治侵害未成年人身心健康的网络违法犯罪行为，维护未成年人在网络空间的合法权益。

一是明确依法从重处罚涉未成年人网络暴力案件。2023年9月25日，最高法、最高检、公安部联合发布《关于依法惩治网络暴力违法犯罪的指导意见》（以下简称《意见》)，对网络暴力违法犯罪案件的法律适用和政策把握等作出全面系统的规定，提出要依法惩治网络暴力违法犯罪活动，有效维护公民人格权益和正常网络秩序。《意见》规定，具有针对未成年人、残疾人实施网络暴力，组织"水军""打手"等实施网络暴力，编造"涉性"话题侵害他人人格尊严，利用"深度合成"等生成式人工智能技术发布违法信息，以及网络服务提供者发起、组织网络暴力等情形的，依法从重处罚。这一规定精准抓住网络暴力治理的关键点，将针对未成年人实施网络暴力的处罚规定为应当从重处罚情形，明确惩治网络暴力违法犯罪的政策原则和严惩立场。

二是依法严厉打击侵害未成年人犯罪。未成年人通过互联网接触暴力、低俗、色情等违法和不良信息，价值观、人生观被扭曲，有些成为网络暴力的受害者，有些成为网络暴力的参与者、施暴者，甚至走向违法犯罪道路。2020年至2023年，检察机关共起诉侵害未成年人犯罪24.3万人，年均上升5.4%，2023年对涉未成年人犯罪案件提出抗诉566件，同比上升21.7%[①]。检察机关会同公安机关、人民法院依法严厉惩治暴力伤害、强奸、猥亵、拐卖等严重犯罪，从严打击成年人胁迫、引诱、教唆未成年人从事违法犯罪活动。最高检会同最高法出台《关于办理强奸、猥亵未成年人刑事案件适用法律若干问题的解释》，明确规定依法严惩利用网络"隔空猥亵"未成年人犯罪，即对胁迫或者诱骗未成年人通过网络视频聊天，或者发送视频、照片等方式，暴露身体隐私部位或者实施淫秽行为的，依照猥亵犯罪定罪量刑。针对一些"大灰狼"通过网络胁迫女童自拍裸照上传，发布指导性案例，确立无身体接触猥亵行为视同线下犯罪的追诉原则。

2.深入推进未成年人反诈保护

2023年，最高检、最高法、公安部、工业和信息化部、中央网信

---

① 最高人民检察院：《最高检举行"加强综合司法保护 守护未成年人健康成长"新闻发布会》，最高人民检察院网：https://www.spp.gov.cn/spp/jqzhsfbh/22xwfbh_sp.shtml，2024年3月1日。

办等部门协同发力，坚决依法遏制电信网络诈骗犯罪多发高发态势，多举措提升未成年人反诈意识、预防未成年人违法犯罪，助力形成齐抓共管、群防群治的未成年人反诈保护工作格局。

一是多部门联合部署反诈专项活动。2023年，是全国维护青少年权益岗创建25周年，共青团中央、中央网信办等15部门联合印发《全国维护青少年权益岗创建管理办法》，部署开展"权益岗在行动：向电信网络诈骗说不"专项活动，重点针对刷单返利、虚假网络投资理财、"校园贷""培训贷"等网络贷款、冒充电商物流客服、冒充公检法及政府机关人员、冒充领导或熟人、虚假招聘、虚假购物、虚假征信、网络游戏产品虚假交易、网络婚恋交友诈骗等侵害青少年合法权益的多发频发案件类型和突出问题开展工作，充分发挥维护青少年权益岗在构建全社会参与反诈工作格局中覆盖面广、根植基层、贴近青少年优势作用，扩大未成年人反诈保护社会影响力。

二是提升未成年人反诈防护意识。2023年，多个有关部门组织开展"全民反诈在行动"集中宣传月、反诈宣传进校园、反诈优秀影片公益展映等反诈宣传活动。"六一"前后，最高检发布《未成年人检察工作白皮书（2022）》，会同中央网信办、国务院妇儿工委召开"检爱同行　共护花开——加强未成年人网络保护综合履职"新闻发布会等系列活动，进一步深化未成年人反诈宣传，深入开展"反诈进校园"活动，通过公开听证、法治宣讲等形式，加强以案释法，会同学校共同筑牢反诈校园防线。最高检制作发布20集反诈短剧《反诈精英——人民的检察官》，充分发挥自媒体正向影响力，提升"反诈精英""擦亮双眼　小心有诈"等热门话题阅读量，反诈宣传影响力不断扩大。

三是集中整治售卡、持卡等乱象。针对未成年人沉迷网络游戏、为明星投票等突出问题，加大力度严惩出售游戏点卡、电话卡等违法行为。内蒙古自治区鄂尔多斯市东胜区检察院研发"在校学生异常电话卡法律监督"模型，通过对在校学生持有不合理、非生活所需异常电话号码数据比对排查，捣毁非法买卖电话卡犯罪窝点2个、刑事立案9人，督促相关部门注销异常电话卡5000余张，关停异常高风险电话账户1000余个，向家长制发督促监护令71份[①]，联合相关部门出台在校学生办理电话卡程序规范指引等文件。2023年，北京市昌平区检察院研发涉"两卡"案件漏犯漏罪大数据法律监督模型，通过数据筛选、归集、碰撞，从所办理涉"两卡"案件中发现北京市内跨区案件37件、跨省关联案件17件，认定职业收贩卡团伙25个，追捕追诉漏犯124人，向公安机关移送行政处罚检察意见87件，向金融机构、电信营业厅等单位制发检察建议156件[②]，以数字检察之力持续释放出"两卡"犯罪治罪治理之效。

3. 大力保护未成年人合法权益

2023年，各有关部门、执法机构开展一系列专项整治行动，及时发现处置危害未成年人身心健康的突出问题，依法依规处置侵害未成年人合法权益的违法行为。

一是集中整治网络乱象。2023年，中央网信办利用未成年人上网较为集中、活跃的暑期时间，深入开展"清朗·2023年暑期未成年人网络环境整治"专项行动，针对未成年人用户数量较大、对未成年人具有显著影响的网站平台以及儿童智能设备，重点整治有害内容隐形变异、网络欺凌、隔空猥亵、网络诈骗、不良内容、网络沉迷、新技术新应用风险问题，全面压缩有害信息的生存空间。其中，通报的部分典型案例包

[①] 简洁等:《抓实基层检察院建设 打造一线最特色品牌》，最高人民检察院网: https://www.spp.gov.cn/zdgz/202311/t20231110_633427.shtml，2023 年 11 月 10 日。

[②] 简洁、魏琨:《破解"两卡"犯罪打击治理难题》，最高人民检察院网: https://www.spp.gov.cn/zdgz/202310/t20231031_632584.shtml，2023 年 10 月 31 日。

括集中整治诱导未成年人不良行为问题、严格排查下架应用商店违规App、及时阻断境外仿冒网站平台向境内传播涉未成年人淫秽色情内容、严肃处置对未成年人实施网络诈骗行为、严厉打击搭建运营涉未成年人色情网站、坚决打击网上诱导未成年人非理性追星等现象，督导网站平台切实履行信息内容管理主体责任，依法从严从重处置并公开曝光侵害未成年人合法权益的各类乱象及存在突出问题的网站平台，积极推动"青少年模式"全面升级为"未成年人模式"，推动模式覆盖范围由App扩大到移动智能终端、应用商店，实现软硬件联动，筑牢未成年人网络保护"三重防线"。

二是强化未成年人综合司法保护。2023年4月，最高检印发《关于加强新时代检察机关网络法治工作的意见》，强调"聚焦网络空间未成年人权益，大力加强未成年人综合司法保护"，把未成年人网络保护作为重点工作进行部署和推动。在依法惩戒利用未成年人犯罪方面，检察机关依法从严惩处利用未成年人实施电信网络诈骗犯罪，严厉打击利用网络"隔空猥亵"未成年人、搭建运营涉未成年人色情网站、利用直播平台和即时通信工具等传播涉未成年人淫秽物品、侵犯未成年人个人信息等犯罪活动。在依法严惩涉嫌网络犯罪的未成年人方面，依法惩治情节严重的犯罪，让涉罪未成年人充分感受法治威严，依法从轻处理主观恶性不大，罪行较轻，属于初犯、偶犯，有积极悔改表现的未成年人，帮助涉罪未成年人纠错改错。

三是强化新业态乱象整治力度。2023年2月25日，最高检发布新兴业态治理未成年人保护检察公益诉讼典型案例，涉及电竞酒店、点播影院、盲盒、密室剧本杀等新兴业态。其中，江苏省宿迁市检察院提起电竞酒店禁止向未成年人提供互联网上网服务、在国家级媒体上公开向社会公众赔礼道歉的全部诉讼请求得到法院判决支持。在网络空间或是现实社会，新技术新业态的发展都不能以损害未成年人身心健康成长为代价，作为融合网络游戏与传统酒店业务的新业态，电竞酒店给未成年人身心健康发展带来沉迷网络游戏、接触低俗色情信息等诸多风险隐患，通过法律手段警示新业态经营者在推出产品和提供服务过程中完善未成年人保护措施，有效堵塞可能危害未成年人身心健康的隐患漏洞，筑牢保护未成年人合法权益的线上线下防线。

（三）促进未成年人网络诚信素养提升

2023 年，中央和国家有关部门，地方各级党委、政府部门，社会组织等积极履行社会责任，通过网络普法宣传、开发网络诚信素养培育课程、提供公益法律咨询等方式，在思想教育、实践活动、援助服务等方面多元发力，形成未成年人网络保护的线上线下互相融合、互相促进的格局。

1.深入校园，推动诚信教育入脑入心

一是扩大影响力。2023 年，深入推进网信系统"八五"普法规划，切实推动网络法治宣传向纵深挺进，以项目化思路，精心做好宪法宣传周、《民法典》等专项普法宣传，坚持立法者普法、大合唱普法、雁阵式普法，指导各地各部门各网站推出《未成年人网络保护条例》专题专栏 30 余个，创作发布普法作品 3.2 万余篇（部），累计阅读量达 8.5 亿次，以普法宣传推进网络诚信发展，推动构建清朗网络空间。深圳市互联网行业联合会通过深圳教育云资源平台"青少年网络素养微课"等线上方式和"博士课堂·同一堂课"等线下互动课的形式，为深圳市 10 余所中小学师生科普网络安全诚信知识，提升广大师生安全上网、诚信上网的意识。同时，充分发挥深圳市对口援建新疆喀什的作用，组织专家学者和青年创业者走进新疆喀什 20 余所中小学，开展科普知识授课、与博士面对面做实验、与青年创业者面对面对话等活动，向喀什市师生开放"青少年网络素养微课"专栏系列课程，助力网络诚信素养教育走向祖国最西端。

二是增强趣味性。综合运用交互设计、动漫微视频等全媒体宣传手段，打造"法治护我心""E法护未来"等重大主题宣传活动。运用未成年人感兴趣的网言网语，通过在线平台、视频号等未成年人使用较多的载体，发布《用推荐算法看破"精准诈骗"》《当AI拥有了我的脸和声音，"我"会……》《警惕"虚拟世界"中不良信息的"隐形变异"》《数字时代，学会在社交媒体上正确表达》等数字素养公益课程及动画短视频。中国新闻网"法律顾问在身边"栏目开展网络诚信系列宣传，推出"准大学生如何预防电信诈骗？律师解读！"等普法原创作品，人民法院新闻传媒总社推出《注意：考完了也别在个人社交媒体晒准考证》等反诈短视频，紧贴未成年人喜闻乐见的AI（人工智能）、VR（虚拟现实）等新技术新业态，寓教于乐，增强宣传教育素材的生动性、趣味性、互动性。

三是提升参与感。各地检察机关坚持预防为先，通过法治进校园、检察官担任法治副校长、制发"督促监护令"、网络安全宣传教育等多种方式，引导未成年人安全用网、安全上网，有效防范未成年人网络空间违法犯罪。北京市互联网法院选派优秀法官、法官助理深入北京16个区讲授网络素养课程，逐步辐射至云南、四川等地区，采用师生走进法庭等方式，提高广大师生参与度。组建"首互未来"志愿团，从未成年案件当事人、合作学校中招募中小学生加入"法治小种子"网络素养普法宣传队伍，走入河北张家口山村小学开展助学和普法驿站活动，邀请数百名师生走进互联网法院，通过实地参观、庭审观摩、模拟法庭等实训课程，强化法治素养教育的成效。

2. 汇聚合力，维护未成年人合法权益

一是社会组织广泛参与。2023 年 10 月 19 日，中国广播电视社会组织联合会青少广播节目委员会发布《全国青少年儿童广播电视和网络视听从业者职业道德建设倡议书》，首次提出"青少年儿童内容工作者职业道德倡议"，号召广大青少年儿童内容工作者进一步提升职业素养，提升行业发展规范引导力，打造精品内容，为青少年儿童创造一个健康向上的媒体内容环境。北京青少年法律援助与研究中心通过网络平台私信、留言、官方网站、热线电话、线下来访等途径，解答涉未成年人法律、心理等咨询，为符合条件的未成年人提供法律援助服务，办理包括网络性侵害、网络欺凌等多种类型的涉未成年法律援助案件，对于发生在外省市案件，及时转介至地方公益律师。

二是共建多元联合机制。2023 年 2 月 27 日，北京市丰台区人民法院与北京青少年法律援助与研究中心共建涉未成年人纠纷调解及司法确认机制、学生校园伤害纠纷一站式纠纷解决机制，进一步健全完善未成年人保护"社会全链条"工作机制，以丰台区人民法院"人民法院调解平台"和"北京市人民法院分调裁一体化平台"为依托，引入北京青少年法律援助与研究中心多元调解力量，全面推进学生校园伤害纠纷一站式多元解纷体系建设，"确、立、调"一体化司法确认通道全程运用网上立案、线上庭审、电子送达等信息化方式，为未成年当事人提供便捷、高效、低成本的一站式纠纷解决服务。

三是提供多元帮扶服务。教育部、民政部、共青团中央、全国妇联等单位凝聚专业力量，为在网络空间遭受侵害的未成年人提供心理疏导救助、追回损失、生活帮扶、复学就业等综合救助保护，通过提供法律咨询引导、督促监护维权、民事支持起诉、人格权侵害禁令申请等方式，帮助未成年人依法维护在网络空间的合法权益，有效保护未成年人人格权利。北京海淀区某市民活动中心工作人员面向辖区内居民开展普法教育，帮助未成年人家长或其他监护人提升自身网络素养水平。

3. 贴近民心，打造网络诚信素养品牌

一是丰富内容形式载体。全国法院首个线上家庭教育指导平台发布网络素养教育案例和课程 100 余期，帮助父母或其他监护人提高对未成年人网络保护的风险防范意识和实际保护能力。出版《未成年人网络保护 100 问》《少年安全宝典——网络安全手册》等图书，以清晰易懂的语言和丰富翔实的案例，帮助未成年人识别和抵御网络欺凌、网络性侵害、网络诈骗等风险。通过中国盲文图书馆为视障儿童提供线上普法有声读物 10 余期，发布《"首互未来"——以法治之光守护成长之路》宣传片、《护航成长之路！中英文双语走进全国首个互联网少年法庭》宣传片。主动适应未成年人互联网使用偏好，充分发挥新媒体、传统媒体的融合效应，依托微信公众号、视频号、抖音、快手等新媒体平台，发布未成年人保护普法短视频，发布"未成年人网络保护系列课"公益课程，免费供父母学习。

二是发挥青年群体力量。2023 年，国家网络安全宣传周期间，佛山市委网信办、共青团佛山市委员会联合组建成立"红小荔"网络文明志愿服务队，动员广大共青团员和各领域优秀青年在网上发出"青年好声音"，充分发挥青年群体的示范引领作用。佛山市委网信办、佛山市文明办等部门联合主办首届"净网小卫士"网络安全主题教育活动，鼓励全市 272 所学校围绕防范电信诈骗、预防网络沉迷等主题报送文字、图片、短视频等原创作品 11624 件，依托网络正能量"进村入户"传播工程定期推送到村居楼宇群、学校老师群、家长群等，充分展现师生群体的智慧成果。

三是因地制宜开展活动。结合边远地区、民族地区、少数民族未成年人群体的特色，广西举办"凝聚辟谣之力，点亮文明之光"高校文艺晚会，来自广西大学、广西民族大学等8所知名高校、共2000余名师生参加。广西互联网违法和不良信息举报中心开展"清朗护苗·举报辟谣小课堂"进民族小学，向全区1039所学校发放近50万份"护苗行动——未成年净网"举报倡议书等多种活动，提高青少年群体对各类互联网违法和不良信息的识别能力，筑牢未成年人网络保护"护城河"。

二、电子商务诚信评价的现状、问题与对策建议

电子商务诚信评价是指在电子商务活动中，对交易双方的信用状况进行评估的过程，它对于建立健康、公平、可信的电子商务环境非常重要。目前，各电子商务平台普遍建立诚信评价体系，并依据平台自身掌握的信用信息和公共信用信息对电商经营者开展动态诚信评价。电子商务诚信评价结果一般应用于消费者决策、平台管理和金融服务之中，为推动电子商务行业高质量发展发挥着重要作用。尽管如此，电子商务诚信评价仍面临着一些问题和挑战，应在依法平衡诚信评价各方利益的基础上，加强平台内部治理和外部监督，提高诚信评价算法透明度，并适当引入第三方诚信评价。

（一）国内外主要电商平台信用评价体系现状

2023年8月9日，商务部、国家发展和改革委员会、国家金融监督管理总局发布《关于推动商务信用体系建设高质量发展的指导意见》，

提出到 2025 年的商务信用体系建设目标，明确引导电子商务平台开展商户信用管理、支持电子商务经营主体参与信用共建。

2023 年发布的电子商务信用方面的国家标准有：《跨境电子商务进口商品质量风险评估指南》《电子商务在线争议解决规范》《电子商务投诉举报信息分类与代码》《电子商务直播售货质量管理规范》《跨境电子商务供应链质量安全管理指南》《电子商务交易产品质量监测实施指南》。2023 年立项的有：《电子商务平台竞争合规管理规范》《电子商务产品质量保障相关追溯信息共享指南》《跨境电子商务海外仓服务质量评价指标》《企业对消费者（B2C）电子商务平台用户条款编制指南》《电子商务平台交易信息监测指南》《电子商务平台适老化通用要求》《跨境电子商务商家风险防控指南》。

目前，电子商务信用评价方面的国家标准主要有：《电子商务信用 B2B 网络交易卖方信用评价指标》（GB/T 34058—2017）、《电子商务信用 网络零售信用评价指标体系》（GB/T 34056—2017）和《跨境电子商务平台商家信用评价规范》（GB/T 39053—2020）。一系列政策文件和标准规范的出台，为电子商务信用建设和信用评价提供行动指南与规范指引。

本专题研究选取 6 家主要的电子商务平台，对其信用评价体系的现状进行具体分析。

1. 阿里巴巴（中国）网络技术有限公司

阿里巴巴（中国）网络技术有限公司（以下简称"阿里"）成立于1999 年，是中国最大的电商企业，也是传统货架电商的主要代表性企业。为了建立买卖双方的相互信任，促进平台入驻商户诚信经营，阿里成立之初就建立信用评价体系并在实践中不断完善。

（1）信用评价信息来源

企业卖家在 1688 网站开通"诚信通"会员，需提交营业执照及相应身份认证资料，并经由第三方调查机构审核。同时，网站收录关于企业的基本信用信息和交易信息。

入驻天猫的商家首先进行企业支付宝认证，提交如下材料：一是企业资质信息，包括法定代表人和公司注册信息，上传企业法定代表人身份证、联系人身份证、一般纳税人资质、企业营业执照；二是品牌资质材料，包括商标注册证、独占授权书；三是行业资质材料。

依托支付宝和第三方物流联盟收集信息。这两大体系中同样有信用数据的积累。芝麻信用以"每一次守约，都值得被记录"的理念多维度收集用户信用数据。芝麻企业信用的数据来源不局限于在阿里系产品行为记录，采集范围扩充到政府、法院、工商、新闻媒体网站等。芝麻个人信用分包括用户在阿里生态内的各种行为记录，以及来自金融系统、政府的数据。

此外，阿里利用大数据、云计算等技术建成巨型数据仓库，整合淘宝、天猫、支付宝、阿里云等平台的数据信息，为开展信用评价提供数据支持。

（2）信用评价体系

在获得海量信用信息的基础上，阿里建立了独立的信用评价体系，评价对象既包括卖家，也包括买家；既包括企业，也包括个人。

"诚信通指数"是建立在企业诚信档案基础上的信用评分系统，包括企业身份认证、诚信通年限、客户评价、推荐证书 4 个维度，将企业资信量化为信用分值。

在淘宝网评价体系中，针对卖家，采用"卖家信用等级"和"店铺评分"两套信用评价方法。针对买家，根据由卖家对买家的好评率所确定的信用等级评估其信用状况。

天猫评价体系则采用"店铺好评率"和"综合体验等级"两套信用评价体系展示企业级店铺的综合体验。店铺好评率主要依据消费者评价动态计算。综合体验等级用星级表示，考核包含用户评价、品质体验、物流时效、服务咨询、退还体验、纠纷解决、特色服务、品牌力8个维度。

芝麻信用评价包括两类：芝麻企业信用评价利用量化评估指标，将中小企业的信用状况数值化，形成企业信用分（企业芝麻分）；芝麻个人信用评价采用云计算、机器学习等技术分析用户网络交易和行为数据，呈现用户信用状况，根据芝麻信用分数将用户分为5个等级。

（3）信用评价结果应用场景

一是信用排序。买家在商品检索时，可参考信用排序，信用度高的商品被优先展示。二是信用贷款。阿里创办了为中小企业提供融资的互联网银行——网商银行，放贷的重要依据是行业产品的使用活跃情况、阿里生态内的信用记录、是否为被认可的企业（需申请）等。针对个人，则有"借呗"和"诚e赊"两个信贷产品。"借呗"基于用户的网购情况、支付习惯和信用风险等信息，参考芝麻信用评分，进行放贷，贷款可用于网上购物等众多场景。"诚e赊"是基于买家信用的账期交易产品，买家先免费进货，确认收货后于次月8日统一还款。三是芝麻信用。企业根据信用分（企业芝麻分），享受信用金融、免押租赁、智能云服务、财务管理等权益。个人根据芝麻分可享受阿里平台、入驻平台的金融企业和商家、与阿里合作的企业提供的信用服务。

2. 北京京东世纪贸易有限公司

北京京东世纪贸易有限公司（以下简称"京东"）创立于1998年，坚持正品和低价经营理念，也是传统货架电商的代表性企业之一。京东平台上有两种店铺类型——自营和非自营，分别代表在线零售和在线市场两种商业模式。

（1）信用评价信息来源

自营店铺入驻平台，需要完成资质审核，包括营业执照等基础资质和商标注册证等产品线资质。京东与专业第三方机构合作审核入驻商家信息。

第三方商家须提交各类证明文件，包括营业执照、注册人身份证、注册人与授权人的关系证明、资质清单、品牌销售授权证明、质检报告或产品质量合格证明、银行开户许可证、税务登记证。B2B平台的商家入驻需提交营业执照、增值税一般纳税人资格证、商标注册证、法人身份证、银行开户许可证、质检报告、授权书等，产品要符合法律及行业质量要求。

（2）信用评价体系

京东平台专门建立第三方店铺信用评价体系。第三方店铺包括旗舰店、专卖店、专营店。京东对在其开放平台入驻开店的企业店铺采用"店铺星级"评价体系，从客服咨询、物流履约、用户评价、售后服务、交易纠纷、商品质量等维度，对店铺近期的综合服务水平进行评定。店铺星级为消费者提供购物决策依据，助力商家追求更好的全链路服务体验。

"京信用"评价体系反映商家在京东平台经营中的守信合规程度。它从商品品质、经营历史、商品页面、金融履约、违规记录5个方面评价商家信用，评价分值加权求和计算，并在其主营商品所属二级类目下排名，最后根据排名率转换为商家信用分值，分值范围为550—1100分。

在个人用户信用评价方面，"小白守约"是京东推出的独立信用模型。通过对个人用户的基本信息、资产情况、行为特征及兴趣偏好、履约及违约、影响力等方面的考察，将用户分为5个守约等级。评分的参考依据来自用户自行提交及后台累积的用户在京东生态系统内的行为记录。另一个评价模型是"京享值"，它根据用户在京东近365天的消费、活跃度、账户、信誉及"小白守约"信息，综合计算得出分值，不同分值等级享有不同权益。

（3）信用评价结果应用场景

京东信用评价主要用于风险识别和信用贷款，具体包括：一是风险识别。从2013年开始，京东逐渐将人工智能、区块链等技术广泛应用于信用创新活动。针对虚假交易，京东除了惩罚措施外，还利用分布式大数据、云计算、机器学习技术建立虚假交易识别系统，甄别不诚信行为，维护公平有序的交易环境。推出京营保，基于人工智能技术，深度融合全栈式模型体系，实时主动识别预警黄牛党、占库存、恶意退换货、恶意索赔等风险行为，让商家对风险进行预判和应对，避免遭受损失。二是开展信用贷款。上线"京小贷"，根据店铺层级及经营信用情况，为第三方商家提供信用贷款。针对京东体系外的小微企业，上线"企业主贷"信用贷款。推出"京东白条"业务。京东运用大数据技术对用户的信用状况、购物习惯和收货地址稳定程度等进行评估，等级高的用户可以先消费后付款。"京东白条"还向集团外部提供风控和消费信用服务。

3. 上海寻梦信息技术有限公司

上海寻梦信息技术有限公司（以下简称拼多多）创立于2015年。通过拼团、砍价等营销手段，拼多多创建了以用户个人为中心，以人际关系网络为传播途径，以其个人信用背书的低成本、迅速裂变的推广模式，是全品类综合性纯移动电商平台。

（1）信用评价信息来源

拼多多信用评价信息来源主要有三个，分别是拼多多平台自身积累的交易记录、用户（买家）的购物评价，以及来自政府部门的公共信用信息，如行政处罚、法院诉讼等信息。

（2）信用评价体系

拼多多对平台商家和买家分别建立信用评价体系。对商家的信用评价又分为 DSR 动态评分 + 店铺领航员（包括商家在拼多多平台的经营情况、用户对商家的评价以及国家机关公开的商家信用信息等）。

1）DSR 动态评分（用户对商家的评价）。DSR 是用户购买产品后从商品描述相符、物流服务质量和卖家服务态度三方面对产品的一种反馈，每项 DSR 评分均为动态指标，系此前连续 90 天内所有评分的算术平均值。计算举例：假设有 20 个消费者参与评分，每个消费者只参与一次，均为有效评价（19 人给全 5 分，1 人给全 1 分），DSR 评分则为：（19×5）+（1×1）/20=4.8（分）。

2）店铺领航员。店铺领航员是衡量拼多多店铺综合服务能力的数据指标，涵盖售后服务、商品品质、物流服务、店铺活跃度等多维度。对于买家，拼多多用户（买家）信用分是根据其购物频次、订单成交率、退货率以及购物纠纷的处理情况等多个因素进行的综合评估。

（3）信用评价结果应用场景

商家信用评价结果共分为五个等级：钻石、金牌、银牌、铜牌和垫底。评价结果会向商家反馈、向消费者公开。同时，根据法律法规规定，向有关社会信用管理部门报送商家的信用信息。在平台管理方面，信用评价结果有如下应用：

1）对于信用评价良好的商家，拼多多平台提供以下一项或者多项服务：在投诉处理过程中，提供绿色通道，给予必要的保障；对于需要定期检查的，适当延长检查间隔期限；商家参加平台组织的活动时，提供相关保障。

2）对于信用评价不良的商家，拼多多平台采取以下一项或者多项措施：在日常商品抽查过程中，将商家列为重点抽查对象；取消平台已经提供的绿色通道等服务；全部或者部分商品降权、屏蔽、删除；全部或者部分商品移除资源位、禁止上资源位、移除广告；全部或者部分商品下架、禁售；店铺禁止上新、上架。

3）对于失信情况特别严重的商家，拼多多平台建立严重失信名单，并有权采取以下一项或者多项措施：解除协议、终止合作；终止合作后，同一商家、管理人再次申请入驻拼多多平台的，予以拒绝；相关信息报送市场监管等部门。

买家信用评价结果分为：AAA、AA、A、BBB、BB、B、CCC、CC、C 九级，A 级别的表示诚信、B 级别的表示守信、C 级别的表示信用警示。在平台管理方面有如下应用：

1）对于信用分较高的用户提供权益保障措施。例如，信用分较高的用户可以享受更多的优惠活动，获得更多的优惠券和红包。此外，信用分较高的用户在面临购物纠纷时，拼多多也会尽快处理纠纷并给予用户补偿等。

2）对于信用分较低的用户给予处理措施。例如，在购物时不享受优惠券、无法参与一些限时活动等。

4. 北京抖音信息服务有限公司

北京抖音信息服务有限公司（以下简称"抖音"）打造"直播电商"，区别于传统的阿里巴巴、京东等"货架电商"，向用户推送兴趣视频和直播购物频道。

（1）信用评价信息来源

抖音对平台内所有商家（除全球购、即时零售商家）和抖音电商创作者①开展信用评价，信用评价信息来源主要有两个：一是平台自身积累的交易记录；二是来自消费者的信用评价。

（2）信用评价体系

抖音商家体验分为百分制，最低为50分，最高为100分，由商家近30天内的商品体验、物流体验及服务体验三个评分维度加权计算得出。

每位抖音电商创作者（用户）信用分初始为10分，用户可通过严格遵守平台相关规则规范或参与平台考试增加信用分，信用分上限为12分。对于违规②情节轻微的（分享禁售商品、重大违规行为、分享假冒商品等行为除外）给予警告；违规情节一般（分享禁售商品、重大违规行为、分享假冒商品等行为除外）扣0.5—4分不等；违规情节严重扣2—12分不等；违规情节特别严重扣12分。

（3）信用评价结果应用场景

抖音将商家信用分为四个等级：钻石、金牌、银牌、铜牌，每个等级下设5个小等级。评价结果一是用于向商家反馈；二是向消费者公开。商家体验分应用于平台营销活动提报、精选联盟准入、广告投放等场景，具体应用方式和门槛参考对应的外化规则。主要包括：结算账期——体验分越高，结算账期越短；广告投放限制——体验分低的商

---

① 抖音客户端及网页端平台（含火山版、简化版、极速版等其他版本），以及上述平台运营主体或其关联公司拥有或运营的其他平台开通商品分享功能的创作者用户。

② 违规类型包括：虚假宣传、违规营销宣传、违规玩法、服务未履约、发布不当信息、低质内容、引人不适、色情低俗、作弊行为、侵权行为、分享假冒/盗版、分享混淆认知的商品、商达合作未按约定履约、消极服务、分享违禁商品/信息、不良行为、危及消费者权益、重大违规行为。

家，限制投放单量；活动提报——商家体验分达到活动报名门槛时，可报名参加平台特定营销活动；精选联盟门槛——商家体验分满足一定条件方可准入精选联盟。

抖音按照电商创作者（用户）的信用分节点实施相应的处罚。当用户因违规扣分导致信用分到达信用分节点时，触发相应处罚措施。若用户发生违规行为，平台将根据违规类型及违规内容的性质（如是否违法、是否损害消费者权益、是否破坏平台生态等）以及违规行为造成的后果影响对违规情形进行综合判定，并基于不同违规情形程度采取警告、扣除信用分等处罚措施。

处罚措施包括但不限于：减少曝光、扣除信用分、暂时或永久关闭商品分享功能（包括但不限于橱窗权限、购物车权限及直播商品分享功能权限）、扣罚违约金、暂时或永久封禁抖音账号、冻结部分或全部账号保证金、提高保证金应缴额、不得提取部分或全部未结算／未提现商品分享佣金、限制提报营销活动。

5.北京三快在线科技有限公司

北京三快在线科技有限公司（以下简称"美团"）成立于 2010 年。2015 年，美团收购大众点评，提供一站式"吃喝玩乐"服务，通过美团、美团外卖、大众点评等产品矩阵，打造综合性生活服务平台。

（1）信用评价信息来源

美团平台对入驻商户和骑手开展信用评价，数据来源主要包括消费者评价和平台自有数据两部分。其中，消费者对商户的评价数据包括：针对美团商户提供的产品和服务，发布个人消费体验评价，评价信息主要包括评分、文字、图片和视频等形式。消费者评价满 100 字且不少于 3 张图片，可以获得积分奖励，美团平台以此引导消费者提供更多有参考价值的评价。匿名评价、评价少于 15 字、违规违法的评价不获得积分，奖励积分发放需要通过对评价进行人工审核。

消费者对骑手的评价数据包括：外卖订单完成后，消费者可根据服务质量对骑手进行评价。消费者采用 2 分制对骑手进行评价，即满意或不满意，并选择原因。

（2）信用评价体系

美团对商户的信用评价体系包括如下三个方面：

1）消费者评分维度。完整的消费者评分由总评分和单项评分构成。总评分和单项评分的分数范围均从 0.5 分到 5 分不等，共 10 个档位。平台根据消费场景的不同，分别设置最能体现消费者对该类型商户要求的 3—4 个维度作为单项评分。

2）其他消费者评价内容。除上述评分外，消费者还可提供更多的文字、图片和视频等非标准化评价内容，消费者评价可以选择匿名发布，并提供人均消费金额，供其他消费者参考，餐饮类还可以选择具体的推荐菜品等。由于此类评价存在个体差异性和高度主观性，平台设置了一定的展示规则对评价进行筛选，以提高评价内容的真实性、客观性、公正性。

3）商户星级评分。美团的商户星级评分是根据消费者对商家的评分和评价进行综合计算的评分系统。商户星级评分为动态指标，当日星级基于 3 天前通过审核的全部历史评价进行计算，通常在 0 分到 5 分之间。美团依托旗下各产品大数据，使用商户店铺下的全部评分和评价，进行汇总、处理和修正，剔除无字和作弊数据，结合平台自身数据和规则形成商户星级评分，反映商户经营情况和消费者对商户的满意度。

商户星级评分考虑的基础维度有以下 4 个：诚信度，即消费者体验后的真实评价才会纳入计算；评价时间，即近期新提交的评价更重要；评价质量，即评价包含更多真实有帮助的信息，更具参考性；评价数量，即其他因素相同时，评价数更多的商户更有机会获得高星级。根据上述因素对消费者评分和评价赋权，计算综合分数。

由于星级反映的是商户在同一类目下的相对水平，美团还会从平台运营的角度对上述分数进行调整，考虑业务类型、业务增速、所在城市、头部商户、连锁经营等要素，综合考虑平台内外数据，将商户进行同类排名，得出最终星级评分，邀请第三方公证机构对大众点评和美团星级计算规则和结果进行权威的监督公证。

美团对骑手的信用评价体系包括两个维度：

1）美团专送骑手服务星级

专送骑手是美团外卖平台专门为该平台订单进行配送的专职人员。专送骑手服务星级主要根据骑手行为和行为结果来综合评定骑手服务质量，采用月度积分制的形式，将骑手个人月累计总积分与同站点内其他骑手一起，由高至低依次排序，并根据站点体量，以及骑手对站点的完单贡献，得出骑手每月的服务星级。服务星级共分为6个档位，骑手当月星级档位以骑手App公布结果为准。

骑手个人月累计总积分由基础分、加分项、扣分项三部分构成。其计算逻辑是：每个骑手有100分的基础分，以完成单的情况作为加分项，以违规单的情况作为扣分项，即基础分＋加分－扣分＝总积分。加分情形包括：完成配送服务、参加安全培训；扣分情形包括差评、超时、提前点送达等。对于跑单时间较短的新骑手，还设置了一定次数的免扣分机会。

针对非骑手原因的差评或较难定责的差评，美团为过往服务质量记录优异的骑手提供免责机会。美团设置了超过30类骑手可能遇到的共性问题，例如联系不上用户、天气恶劣、商品超重等异常场景，为骑手提供实时申诉通道，实现便捷申报、快速免责。

2）美团众包骑手等级

众包骑手是美团平台的兼职骑手。众包骑手等级通常由系统根据骑手以往的配送表现进行评估，即骑手配送时间越长，完成单越多，骑手等级就越高，准时送达、获得五星好评、不拒单等行为可以增加积分，有利于获得更高等级。美团众包骑手分为闪耀新星、荣耀精英、最强英雄和无上战神等级，需要达成一定的单量才能保级，不同等级的单量标准可能会根据地区和业务变化而有所不同。

（3）信用评价结果应用场景

满足一定条件的商户星级在美团平台上公开显示。其中，餐饮类商户需要有 1 条通过审核的评价，其他类型商户需要积累 10 条通过审核的评价（部分中小城市仅要求 3 条），即可展示星级。美团还会以星级评分为基础，参考商户流量与第三方专家评审意见，向消费者提供一系列榜单，如"黑珍珠餐厅指南"、大众点评"必吃榜"等。

美团尊重消费者发布的评价内容，除按照现有法律法规和平台规则对评价内容违规情形进行必要处理外，不会进行删除、屏蔽、修改。美团设置不予展示的评价内容和视程度不予展示或折叠展示的两类规则，以排除违法违规、侵权、恶意、抄袭/雷同、炒作等不当评价对消费者和星级评分的影响。

商户信用评价结果主要用于商户星级评分和榜单。商户星级评分能够为消费者选择、平台流量投放、平台内部管理等方面提供信息支持。此外，以商户星级评分为基础的各类榜单，创造了更加聚焦的应用场景，其中的典型应用有"黑珍珠餐厅指南"，提出涵盖烹饪水平、体验感受、传承创新三个维度的中国美食标准，以"美团大数据"作为全程智能支撑，并引入独立第三方机构对理事会评审阶段工作执行商定程序，统计并确认最终上榜餐厅名单。上榜餐厅分为三钻餐厅、二钻餐厅、一钻餐厅，以三钻为最高等级。

骑手可以在美团骑手 App 中查看自身等级、评分等信息，消费者无法查看。消费者仅能通过订单页查看配送骑手的主页，获取骑手的配送总里程数、准时率、满意度、骑手标签等信息。

骑手等级可用于美团外卖平台骑手配送服务的定量评价，识别优质骑手，帮助平台制定更合理的奖惩机制，提高骑手服务质量和平台整体服务质量，优化平台的营销服务、用户体验等方面机制。

美团根据专送骑手服务星级为骑手提供差异化的星级奖励。骑手每月服务星级越高，获得的单均奖励越多。当月星级奖励 = 当月完成单数 × 星级单均奖励，上不封顶。骑手所属站点还可根据骑手好评率对骑手进行派单奖励，好评越多的骑手派单越多，总收入也相应提高。

不同等级的美团众包骑手可以享有不同的等级特权。高等级的骑手可提高派单优先级，提供额外接单量上限，并获得更多的转单次数，以及订单均价加成、骑手分数加成、订单便利、保证金相关、提现相关、订单高峰奖励等。

6. 亚马逊

亚马逊公司（Amazon，以下简称"亚马逊"）创建于 1995 年，是传统货架电商的代表企业之一。

（1）信用评价信息来源

亚马逊商城是亚马逊的电商平台，企业或个人卖家在平台注册时需提交邮箱、电话号码、信用卡、公司注册证书、税务号码、公司账单（近三个月银行 / 水电煤气 / 话费等账单信息）、主要联系人信息及个人账单（近三个月银行 / 水电煤气 / 话费等账单信息），还需提交亚马逊认可的第三方认证机构的检测报告和认证文件。

亚马逊商城的支付方式包括信用卡、银行卡、第三方支付，同时也拥有自己的网上支付系统——亚马逊支付（Amazon Pay）和亚马逊灵活支付服务（Flexible Payment Service，FPS）。亚马逊支付存储有用户的银行卡和地址姓名、支付数据等信息。亚马逊物流的库存管理追踪商品从采购到发货的全流程，商品的库存、成本、位置都会被记录。亚马逊利用大数据技术，记录客户的浏览历史、订单信息，向用户精准化推送；利用人工智能技术进行评论挖掘，判别虚假评论；利用区块链记录平台的商品在供应链上的位置和状态。

（2）信用评价体系

信用评价方面，亚马逊商城"买家反馈"（Customer Feedback）是衡量卖家主要指标之一，由真实买家根据购物体验对店铺打分。"买家反馈"包括评级和评价两项内容，评级结果为1星至5星。评价内容由用户自定，不仅与产品有关，还可包括物流、服务、售后客服等。

亚马逊商城"商品评论"（Product Review）是衡量产品的指标之一。评价内容只针对商品本身，与店铺无关。评论内容包括评级和评价两项内容，级别为1星至5星。"商品评论"对商品销量的影响很大。交易结束后，卖家可评价买家信用，同样用1—5星评级法。

此外，亚马逊发布亚马逊Vine，是一项买家评论方案。平台邀请最值得信赖的买家组成第三方评价团队，卖家通过该方案将商品提供给第三方评价者，卖家无法与他们沟通，平台也不对评价做任何改动。这些评价都是使用商品后的真实评价，有独特标记，任何用户都可看到。平台减少了虚假好评，卖家获得更多流量和更高转化率。亚马逊没有建立个人信用评价体系。

（3）信用评价结果应用场景

亚马逊信用信息主要用于平台管理。亚马逊对商家的审核和管制非常严格，包括开店前的资质审核和开店后的持续系统监管，不定期进行二次审核。当商家出现产品质量问题、服务态度差、延迟发货或错误发货、物流问题、账户异常、虚假评论等情况，账号会有安全风险，严重时直接封号。亚马逊严格保护知识产权，如果商家出现售卖未经授权的产品、盗用他人图片、产品有仿制嫌疑、虚假发货、虚假评论等违法行为，会被审核、限制、暂停或取消交易资格，导致经营停滞。

亚马逊通过分析卖家信用数据来为第三方小型企业提供信用贷款。此外，亚马逊向第三方金融机构开放卖家销售数据库，为受到邀请的商家提供最高 100 万美元信用额度；与银行合作，为无信用积累或者信用低的个人消费者提供融资。

（二）国内外电商平台信用评价体系比较分析

以阿里、京东和亚马逊为例，比较国内外电商平台信用评价体系的异同。三家企业在信用数据来源、信用评价体系和信用评价结果应用方面的做法既有相同之处，也有各自特色。

1. 信用评价信息来源基本相同

国内外电商企业在信用评价信息来源方面基本相同，主要来自用户评价和平台交易记录。此外，阿里将数据采集范围扩充到全国政府网站、地方法院网站、各地高院裁判文书网、各地工商公示网站、新闻媒体网站五大集群。三家企业都利用新兴数字化技术增强了信用数据获取的深度和广度，阿里利用 AR 技术将卖家工厂全景呈现在店铺信息中，让消费者更加深刻地了解卖方的资质和实力。京东和亚马逊利用机器学习和云计算等识别虚假交易和炒信行为，维护公平诚信的网络交易环境。阿里和京东均对用户在生态体系内的多方面表现进行量化，包括账户信息、消费和评价记录、购物信用等，搭建会员体系。

表 2　电商公司信用数据积累

类型	主体	信用数据
商户入驻	企业	基本资料：法定代表人信息、公司注册信息、纳税人资质（阿里＋京东）、营业执照（阿里＋京东）、银行账户、公司银行账单（亚马逊）
		资质材料：商标注册证、独占／销售授权书、质检报告
	个人	实名认证、手机号码／电子邮件、银行账户
会员体系	个人	账户信息、购物行为、活跃度、购物合规
信用评价模型（阿里和京东）	企业	基础信息、金融行为、贸易行为、商业关系
	个人	身份信息、资产信息、消费行为、履约违约、社会关系
支付体系		身份信息、购物行为、资产信息
物流体系		商品信息、库存信息、订单信息、生产加工、实时位置

2. 信用评价体系各具特色

阿里和京东通过考察客服咨询、物流履约、用户评价、售后服务、交易纠纷、商品质量等维度，对店铺的综合服务水平进行评定。由于美国社会上有专业且成熟的信用评估机构提供征信服务，因此亚马逊没有像阿里那样建立企业或个人的信用评价体系。亚马逊重视具体商品的表现，所有人可以对商品评价而不必在乎售卖它的是哪家店铺，组织独立于平台和商家的第三方评价团队对商品进行评分。针对买方信用表现，阿里和亚马逊一开始采用同卖家一样的信用评分规则，由卖家对买家进行评分。后来阿里和京东搭建起会员体系，对用户在生态系统内表现综合评估，积分高的用户会有更多的优惠权益，奖励用户的守信行为。

表 3　电商公司信用评价体系形式

类型	主体	信用评价形式
商城信用评价体系	卖方	信用评分、信用等级、好评率、商品评论
	买方	信用评分、信用等级、会员体系
信用评价模型（阿里和京东）	企业	信用评分、信用等级、电子通行码
	个人	信用评分、信用等级

3.信用评价结果应用场景各有侧重

（1）根据信用评价结果进行排序

三家企业大同小异，平台上信用等级高、排名高的店铺会获得更多曝光和流量、更多机会参与平台活动等的优先权。相反，信用低的商家会受到很多限制，出现违规操作时账号会有安全风险，严重时会被封号。

（2）三家企业均有金融业务

依据信用数据和评价体系，为信用高但不易获得银行贷款的中小企业提供融资，使得它们可以有足够的资金进行货物周转和扩大销售。亚马逊采用邀请制，邀请信用良好的商家，为他们提供贷款，并向第三方金融机构开放卖家数据库，为卖家提供信用额度，帮助他们发展业务，扩展市场。亚马逊还与银行合作，为无信用积累或者信用低的个人消费者提供融资。

（3）国内电商平台还提供购物信用服务

阿里和京东除了有针对个人的信用贷款服务外，还有专门用于购物的消费信用，这些额度只能用于电商平台内部，无法在公司外部使用，消费信用的上线为平台吸引更多的买家，也带来高额的订单和销售额。此外，在对不诚信行为的监管方面，亚马逊对不诚信行为的打击力度更强。

表4　信用评价结果应用场景

应用场景	信用信息应用形式
网上商城	信用支付、信用展示、资源倾斜、权限限制
金融	信用贷款、信用消费
线下购物	信用结算
租赁	免押金、租金优惠

续表

应用场景	信用信息应用形式
婚恋	信用交友
职场	信用求职
体育	先享后付
签证	便捷签证
公共服务	先就医后付费、图书馆免押金读者证、严惩"老赖"、驾驶人信用分

（三）电商信用评价存在的主要问题及对策建议

1.存在的主要问题

（1）身份认证体制较为松散

目前，大多数电商平台在注册过程中，是通过自行方式完成对消费者的身份认证，缺乏专业、权威的第三方认证机构参与，造成消费者所提供的信息真实性较难辨别。同时，各电商平台为实现更大的"拉新"量、提升后续的"留存"和"转换"比例，不断简化注册者的身份认证程序，未强制要求账号进行实名认证，一个人在同一平台可以申请多个账号。由于身份认证体制的松散，容易引发监管的漏洞，为某些商家投机取巧的刷单行为提供便利条件。

（2）信用评价的真实度不高

首先，部分消费者对信用评价不够重视。一些消费者选择网购是由于其便利性，其给出的评价过于简单，缺少详细的文字评价；若消费者在一定时间期限内没有主动进行评价，系统默认好评，且部分电商平台也会将默认好评计算在店铺或商品的评分体系内。因此，消费者得到的并非商品的全部真实反馈。其次，交易双方的信用评价机制具有不公平性。现有的信用评价机制对商家有惩罚约束，消费者的评价会影响商品的销售，由此衍生好评"现金返利"机制或者买家恶意评价，企图要挟店家等行为，这些都降低商家信用评价的真实度。由于缺乏对这些行为的发现机制，以及发现后对消费者的惩戒机制，容易造成消费者不真实的评价行为泛滥。

（3）信用等级设置过于简单、评价模型缺乏科学性

目前，大多数电商平台信用评价体系只有好、中、差和指定评级，对应的分数是 +1、0、−1，且仅通过简单的累加得到评价分。例如，虽然淘宝针对评价设置了三个维度——描述相符、服务态度、物流服务，但商品的评价并未按照各项指标进行具体分类。信用评价指标设计的不足，会导致消费者对卖家的评价不够真实全面。商家过分追求好评率，最常见的就是更改差评，当卖家与买家沟通协商后的结果被买家接受时，即可更改或删除差评。

新开的网店由于评价等级不够高，缺乏一定的顾客流量基础，造成其初期营业非常困难。对于一些具有基础的店铺，在面对不同价值的商品时，也没有按照商品的市场价值对卖家的信用进行有效划分，使得评价金额比例机制不平衡。此外，电商平台的交易过程分为交易前、交易中、交易后，是一个动态的过程，从商品本身的质量问题、售后客服的服务态度再到整个店铺的总体优化，不同阶段的消费者对店铺的评价不同，因为以往的评价只能代表过去这个店铺的整体水平，目前大多数电商平台并未区分评价信息的时间价值。

（4）评价算法不够规范透明

《网络交易监督管理办法》第十四条规定："网络交易经营者不得采用误导性展示等方式，将好评前置、差评后置，或者不显著区分不同商品或者服务的评价等。"然而，平台虽然一定程度上公开了用户评价机制，但评价算法的关键机理和参数往往透明度不够，从外部难以判定最终评价结果是否违反相关规定。同时，这也不利于商户和劳动者根据评

价算法的原理改进自身的商品和服务供给，不利于消费者做出更加理性全面的消费决策。

（5）恶性信用交易事件频发

由于目前的评分体系与消费者的评价信息息息相关，一些商家恶意雇用消费者到竞争对手店铺刷差评、投诉，从而影响竞争对手的店铺评分。特别是在"双11"等购物节此类现象频发。一旦恶意投诉者的投诉生效，商品会立即被电商平台下架。即使商家后期申诉成功，但商品从被下架到通过平台的审查恢复上架需花费较长时间，时间差可能让商家错失购物狂欢节等销售机会，产生无法弥补的经济损失。虚假交易、聘请专业的信誉团队刷单好评、进行信用炒作等都是商家时常出现的失信行为。此外，一些消费者恶意竞拍、滥用退货权利、故意拖欠款项等随意任性的失信行为破坏市场竞争秩序和公平公正的网络营商环境，恶性信用交易事件频发。

2. 对策建议

（1）进一步完善电商平台信用评价机制

一是完善评价指标体系：进一步细化和优化信用评价的各项指标，使其更能准确地反映商家和用户的真实情况。二是加强数据监测和分析：利用大数据技术，更深入地分析信用数据，为信用评价提供更科学的依据。三是强化动态评价机制：实时根据用户行为和交易情况更新信用评价，提高评价的及时性和准确性。四是与其他信用体系对接：与社会信用体系等进行对接和融合，形成更全面的信用评价体系。五是推出个性化评价功能：根据不同用户的需求和偏好，提供个性化的信用评价展示和参考。

（2）加强对信用评价的平台治理和外部监管

加强平台内部治理，鼓励电商平台使用更先进的技术方法来识别与过滤不当评价，进一步完善内部纠纷处理机制。加强外部监管，强化政企合作，共同打击评价相关的违法行为，设置简易程序，使平台用户能够通过监管部门和司法途径进行快捷维权，挽回因不当评价而受到的损失。

（3）提高平台算法透明度

在不泄露商业秘密的前提下，提高算法的透明度，使平台用户充分理解评分机制，提供详细的评分结果解释和用户意见反馈渠道，优化调整评分维度与权重，使评分能够真实、全面、及时、有效地反映商品和服务质量，帮助用户充分了解维护自身相关权益的途径。建立行业标准，通过第三方机构定期审查和评估平台的评分算法，确保评价的公正性和客观性，运用大数据分析、人工智能等技术手段，提高监管效率和准确性。

（4）平衡个人信用评价涉及的劳动者和消费者权益保护

电商平台对外卖骑手的评价同时涉及劳动者和消费者权益保护问题。一方面，需要平衡骑手评价机制提供的劳动者激励与劳动法规定的休息权利之间的关系；另一方面，需要平衡骑手评价机制提供的劳动者约束与消费者保护之间的关系。探索科学合理的骑手评价机制，实现评价的有效性与合规性。

（5）探索建立平台与第三方合作的信用评价机制

目前主流的信用评价机制是以平台为主的，在信息收集、场景应用等方面有其巨大的优越性，可以实现信用评价与业务管理有机结合，但其弊端（如前文所述）也是明显的。第三方信用评价机构在评价的专业性、客观性、独立性方面具有优势，但在平台数据（如消费者评价、电商交易记录等）获取方面有局限性，需要得到平台支持。各大电商平台应与第三方信用服务机构合作，探索建立更加科学合理的信用评价机制，采用区块链、隐私计算等技术，实现"数据不出域""可用不可见"。

三、生成式人工智能对网络诚信建设的影响

近年来，大模型推动人工智能的技术飞跃，催生无数技术和应用创新的思想火花，为新一轮的产业发展创造巨大机遇。因此，亟待探讨生成式人工智能大模型带来的机遇和风险，对网络诚信的影响和应对策略。

（一）生成式人工智能发展面临的风险

人工智能大模型可以作为接口和桥梁，衔接其他服务或者工具，建立通用智能供给能力。这使得网络信息内容从用户生成内容（UGC）和专业生成内容（PGC）走向人工智能创造（AIGC），网络内容维度更为多元性，层次更加丰富，表达方式更加多样，不断丰富网上精神文化生活。然而，生成式人工智能同样存在很多风险因素。

1. 生成式人工智能语言大模型的风险

语言大模型属于深度神经网络，具有深度神经网络固有的鲁棒性不足、可解释性缺乏、生成内容可控性较低等缺陷。在训练阶段，会因为训练数据中含有未经许可的个人信息、违法不良信息、错误的价值观和偏见、未经授权内容等，引入个人信息、内容安全、模型安全、知识产权方面风险；在强化学习阶段可能放大已经存在的风险。生成阶段也会因为用户提问的特定要求、对话的前文、调用的工具集等对模型产生诱导，生成风险内容。诱导方式涉及直接提问、多轮问答、角色扮演、安

全否定，事实幻觉则导致大模型生成内容与事实不符。

2. 生成式人工智能视觉大模型的风险

生成式人工智能视觉大模型风险涉及内容安全、个人信息、模型安全等，如果模型没有学习到拒绝用户的不合理请求，则可能为满足用户的需要而输出风险信息。生成式人工智能视觉大模型的风险因素主要来自两部分：一部分是模型自身的安全问题。例如，深度神经网络的鲁棒性、公平性、不可解释性等风险。另一部分是在生成式人工智能视觉大模型的不同训练阶段，存在个人信息、内容安全、模型安全、知识产权等方面的风险。例如，训练数据中含有未经授权的个人信息数据，从而导致生成式人工智能视觉大模型生成侵犯个人隐私的图片。

（二）生成式人工智能发展的特点趋势

遵循人人受益、责任担当、开放共享的价值导向，既是实现可持续发展治理的内在要求，也是打造可用、可靠、可信、可控的人工智能技术的重要指引。

1. 生成式人工智能需要更加成熟可用

面向规模化真实场景的落地成熟应用，是人工智能技术发展的前提和基础。人工智能应用的真实场景中往往会面临样本缺少、数据分布不均、重知识、快变异以及多模态等诸多难题。在通用人工智能技术尚未成熟的当下，需要面向真实的垂直场景，解决规模化应用问题，需要催生出更加先进的技术。

2. 生成式人工智能需要更加稳定可靠

在人工智能迭代过程中，需要持续应对不断增长的业务规模及更加复杂的业务形态。面向对抗和未知场景，人工智能技术应当在可用的基础上逐渐向可靠的方向发展。由于互联网场景存在巨大的商业利益，不可避免滋生出一批专业从事信息网络攻击的黑灰产业，针对人工智能的新型攻击手段不断涌现，需要增强技术的鲁棒性，保障人工智能应用的可靠性。

3. 生成式人工智能需要更加安全可信

以人为本、透明、公平和负责的生成式人工智能技术，应当以实现全面的技术安全可信为最终目标。严格保护隐私数据不被滥用、透明可解释，且能够让人类理解和参与决策，建立在因果推理基础而非统计相关之上，并且对大多数群体公平公正。人工智能系统需要其设计者，予以其正当的道德伦理观念，坚持将人工智能应用在更有社会价值的场景中，才能确保人工智能可持续发展。

4. 生成式人工智能需要更加有效可控

生成式人工智能对个人信息、内容安全、模型安全和知识产权等方面带来诸多挑战，以风险为基础的治理要求对各环节的风险点，进行识别和判断，根据风险特征、危害性和影响范围进行分类分级。对于处在不同研发阶段、针对不同应用场景、面向不同数量用户的生成式人工智能服务，采取差异化的风险管理要求，突出以风险为基础的治理方式，实现技术风险可控可干预、技术研发安全负责任、技术福祉普惠可持续。

（三）生成式人工智能对网络诚信带来风险挑战

生成式人工智能发展衍生出的新骗局、新套路，不仅关乎广大消费者的财产安全，还潜藏着人身安全风险和隐患。

1. 生成式人工智能的风险表现形式

（1）加速网络谣言滋生蔓延

生成式人工智能技术的普及带动自媒体产业的繁荣，一些用户为博取流量，利用 AI 技术编造虚假谣言，流量变"流毒"，为博眼球、蹭热度，将人工智能技术用以编"伪消息"，造"假通报"。"AI 谣言"时有发生，为博取流量，将其他地区的抗洪、救灾视频，经 AI 软件自动编辑，文章由 AI 系统生成并发布，相关言论及照片均为不实信息，编造发布虚假信息。部分"自媒体"为实现销售目的，让"AI 谣言"在网络上传播，不仅给网络安全带来严峻挑战，也严重扰乱社会秩序。

（2）降低人物场景虚构门槛

当前，随着 AIGC 技术在文本生成、图片创作等方面的应用，一些网民为获取流量利用技术手段编造生成虚假视频，上传至热门视频平台。通过非法渠道购买 AI 视频生成软件，使用类似图像、名称及服务简介等多种手段实施复合性混淆行为。2023 年最高法、最高检、公安部联合发布的《关于依法惩治网络暴力违法犯罪的指导意见》中规定，对"利用'深度合成'等生成式人工智能技术发布违法信息"的情形，依法从重处罚。

（3）形成电信网络诈骗陷阱

AI 技术的迭代升级让不法分子借助 AI 换脸和拟声技术，可轻松实现远程视频诈骗。AI 换脸诈骗案件，具备定制性、迷惑性等特征。随着文生视频大模型 Sora 等多模态人工智能的探索和出现，人们可能陷入"眼见也不一定为实"的困局，视频电话中熟悉的"亲友"，是不法分子 AI 换脸模拟而成。银行等部门将实时视频用作检验身份的手段之一，如今其可靠性将面临巨大挑战。随着人工智能技术的迭代升级，这类违法行为还可能演变出更多形态，有必要引入新兴技术，探索用 AI 技术监管 AI 的可能。

（4）"套壳 AI"现象严重泛滥

人工智能大模型开源生态建立，让 AI 发展加速的同时也让生成式

AI更易被滥用。自从人工智能产品ChatGPT爆火，一些企业看到无限"钱景"，强行"关联"利用ChatGPT热点进行攀附，混淆真实情况，谋取交易机会，获取不当利益，冒牌AI现象并不少见。市场上涌现出不少与ChatGPT"沾亲带故"的服务产品，其公众号的运营公司与实际ChatGPT开发公司并无关联，所谓"ChatGPT在线"也并非"ChatGPT"产品本身。消费者出于对新兴技术的好奇，往往在不知不觉间陷入"圈套"，如果误用别有用心的"套壳AI"，甚至可能被不法分子套取个人信息，埋下安全隐患。

2. 生成式人工智能的问题挑战

生成式人工智能目前仍在发展中，存在着隐私和数据安全、内容安全、竞争公平、知识产权保护等风险，技术和应用的安全性与真实性等问题尚待解决。

（1）生成式人工智能可能扩大数据安全风险

人工智能依靠数据来训练，模型迭代离不开海量数据的支撑，数据的开发利用离不开人工智能的数据挖掘、数据分析。人工智能对数据的获取和利用有根本性的影响，通过人工智能处理，数据价值得到大幅提高，能够帮助企业真正实现数据智能。然而，在缺乏相应治理规范的情况下，可能引发为争夺更多的数据资源、滥用人工智能进行过度、违规收集用户数据，恶意爬取其他企业数据等行为，导致用户权益及隐私受损、扰乱市场公平竞争秩序，甚至危害国家安全和社会公共利益。

（2）生成式人工智能内容可能存在伦理问题

目前，生成式人工智能通过学习大量的数据来生成新的内容，这些数据可能包含有误导性、虚假、人为操纵的数据，导致生成的内容不真实或者存在错误。如果训练算法的数据集规模小、多样性不足或者受到污染，或者训练过程中过度拟合，又或者设计理念中带有天然的偏见，会导致生成结果错误、伪造、偏见、歧视和违法，也存在某些用户刻意引导生成式人工智能生成违法不良信息。

（3）生成式人工智能为著作权保护带来挑战

训练数据的来源是否存在对著作权的侵害风险，生成的内容是否具有著作权是两个大挑战。前者的实务性争议较多，涉及著作权人与人工智能产业从业者利益之间的平衡；后者的法学性争议较多，涉及生成式人工智能产出作品是否具有独创性，著作权法保护的是否是人类基于心智创作的智力劳动成果。

（四）促进生成式人工智能可信向善的治理策略

生成式人工智能服务通常由大模型驱动，离不开算力、数据、算法、生态等构成条件，面临内容安全、个人信息、模型安全和知识产权等问题，因此需要全面应对生成式人工智能带来的风险和挑战。

1. 坚持可信向善的治理原则

构建目标明确、敏捷协同的治理体系，对生成式人工智能带来的创新进行有针对性的监管和治理，确保技术有序发展，被更广泛更好地服务于社会大众日益增长的美好生活需要。

（1）治理原则的包容性

当前，人工智能仍在快速发展阶段，存在相关技术自身具有一定脆弱性等诸多问题。生成式人工智能的发展还存在着较大的不确定性，敏捷治理作为更加顺应科技研发应用的治理模式，其目标是解决科技治理中技术高速演进的不确定性问题，通过治理过程中的小步快走、迭代试错、动态更新，顺应技术发展趋势，持续发挥人工智能的正向价值。

（2）治理目标的均衡性

预先客观评估重大风险点，有效管控科技进步带来的安全隐患，加强人工智能可信赖和伦理治理水平，避免生成式人工智能对国家安全、产业秩序和社会稳定带来负面影响；另一方面，以技术进步来缓解治理难题，需要通过人工智能技术进步带动产业高质量发展、提高生产效率，实现治理价值的平衡。

（3）治理措施的灵活性

生成式人工智能处在快速发展阶段，其技术路线还在动态演进，产业和社会应用前景尚不明晰，监管和产业需要共同面对诸多不确定性问题，共同寻找提高安全性、可控性和可靠性的解决方案，通过宣传教育，提高公众对于生成式人工智能认知水平，建立基于信任的人机协作社会生态。

（4）治理方式的开放性

人工智能涉及学科复杂广泛、涉及主体众多，治理方式多样。因此，解决产业或者技术存在的问题，需搭建开放的、科学的共享共治平台，集结社会各方力量共同开展治理工作。开放共享科技领域的科研成果；开放技术软件，如技术开源；搭建开放的数字生产力平台，简化个人和组织的创新程序。

（5）治理主体的协同性

人工智能从设计开发到部署应用，涉及多类主体。治理过程中需要兼顾相关方合理的利益诉求，平衡短期利益与长期目标，确保人工智能技术能够让整个社会受益。企业要积极应对、快速调整、有效管控，以降低技术路径和商业策略转变带来的损失。同时，集聚政产学研用等多方力量，让更多的人参与人工智能治理，积极寻求更加全面、包容的优化治理方案，实现他律和自律的有效结合。

2. 确保大模型诚信向善

生成式人工智能分为模型训练、服务上线、内容生成、内容传播四个阶段，为保障大模型的网络诚信，在每个阶段需要关注不同的治理重点方向。

（1）模型训练阶段的数据治理

训练阶段奠定模型的能力基础，决定模型自身的安全性。数据的质量在很大程度上决定模型能力和安全性的上限。采集时对数据源进行审核，选择可信度高、正确导向的数据源合法进行采集；采集后对数据进行清洗、安全过滤，剔除含有风险的数据。在有监督微调阶段、基于人类偏好的强化学习阶段，涉及标注的数据，需要进行机器和人工相结合的审核，确保提供的训练数据，不会导致模型产生违法不良信息、错误倾向等内容。

（2）服务上线阶段的合规评估

在算法服务上线阶段，需要建设标准和评测能力，对模型风险做全面深入的评测，在上线使用模型前需要进行核验，完成多维度安全评测。企业自行开展算法安全评估，对算法目的、使用的数据、模型、训练方法、评测过程、干预策略等进行评审。通过技术手段将人类价值观量化并嵌入模型，从根本上保障模型的安全性，有效减轻外部安全措施的压力，降低风险内容生成的可能性。针对评测中发现的问题，采取技术手段，在模型迭代时增强内生安全能力，内生安全的增强贯穿模型训练的各个阶段。

（3）内容生成阶段的用户管理

大模型生成的内容是用户和模型交互的结果，用户的输入以及模型对用户之前输入的反馈，都影响到模型内容的生成。服务提供者对生成内容的风险管理，并不局限在内容维度，还需要扩展到用户维度。用户使用生成式人工智能服务的目的、是否主观上给出恶意输出和诱导，很大程度上决定模型输出内容的安全性。实践中，内容安全的风险很大程度上来自于用户的恶意输入和诱导，从用户维度进行管控也是有效手段之一，需要按照相关法规，开展用户账号的注册、身份核验、安全管控、账号的分类分级等管理工作，在前端对账号进行管理，降低生成内容的风险。

（4）内容传播阶段的应急处置

内容的传播方式和途径、范围是风险的决定性因素之一。在传播环节出现的风险，需要建立相应的风险治理技术手段和工作机制。为实现对生成合成内容的确认和溯源，需要对生成内容添加隐藏标识，记录服务提供者、服务使用者、生成时间等信息。建立生成式人工智能信息舆情监测、前台内容巡检等工作机制，重视举报投诉，并及时处理。同时，建立辟谣机制、应急处理响应机制，开展常态化演练，在虚假信息传播时，尽早处置，有效控制传播范围和深度。

3. 发挥多主体协同共治作用

生成式人工智能需要政府、产业、学术研究、公众用户等多元主体的协同共治，形成政府规范引导、产业守正创新、社会监督的多方协同治理机制，促进政产学研用治理深度融合。

（1）发挥政府规范引导作用

一是落实顶层设计。推动《互联网信息服务算法推荐管理规定》《互联网信息服务深度合成管理规定》《生成式人工智能服务管理暂行办法》等规范性政策文件落地落实，要求各多元主体主动践行责任。结合产业发展实际情况，制定技术及管理细则和标准，推动现有的制度有效落实。

二是鼓励探索实践。建设人工智能治理"试验田"，鼓励有能力的企业、科研院所，在可控范围内验证治理的标准规范、治理工具、协同工作和数据流通等治理手段的科学性、可用性，同时针对技术发展过程可能出现的各类风险，根据场景和风险大小，坚持审慎包容、分类分级的治理思路，促进发展鼓励研发。

三是推动国际合作。深入参与国际人工智能治理规则制定，贡献中国治理经验，积极打造国际领先的中国方案，积极促成全球范围的协同共治，提升中国治理方案的国际竞争力和话语权。

（2）促进产业守正创新发展

数字科技平台型企业作为人工智能发展和应用的引领者，充分发挥技术和资源等优势，深入参与新技术新应用治理工作。

一是实施分类分级治理。综合生成式人工智能技术路线、应用场景、安全风险等因素，围绕伦理、可信赖等方面，加快建设分类分级治理准则、保护要求等方面的制度。重点解决自动驾驶、智能医学、智慧金融、智能媒体、舆情等高风险场景问题，对于风险等级较低的场景类型给予更多技术引导。

二是促进企业健康发展。科技企业作为产业治理的核心角色，需要主动将内外部、多方面、跨学科的知识融入敏捷组织、敏捷开发的治理中，在技术研发路径、选型适配和市场应用等节点上，适时、适当地引入政府、学界、公众等可信第三方的观点和建议，将其融入技术发展目标设定之中，不断优化技术发展路线。

三是持续研发治理技术。寻求发展与治理的平衡模式，鼓励企业加大对治理技术的研发投入，提高行业发展与治理水平。例如，数据匿名化机制激发数据价值、数字水印技术保障生成内容的可溯源、防篡改等，形成以发展促治理、以治理促发展的良性循环。

（3）鼓励社会公众推广监督

一是普及推广技术，弥合公众认知鸿沟。广泛聚拢跨学科的产学研伙伴，共同强化行业自律规范，弥合公众认知鸿沟，向公众阐释技术和治理的新进展，以人人受益、责任担当、开放共享为价值导向，把理解门槛降低、让治理经验透明。

二是促进校企联合，提升人工智能素养。在生成式人工智能发展大浪潮中，人才培养是抓住时代机遇的关键。社会各界应携手打造高质量的人工智能教育生态，用好技术手段、凝聚各方力量，培养顺应时代发展要求的创新人才。同时，以文章推送和科普短视频为载体，对外输出知识，旨在用简单清晰的语言，向公众阐释对于人工智能的普遍疑问，助力公众算法素养的提升，推动形成人工智能发展和治理的社会共识。

三是吸收多方意见，合理分配主体责任。生成式人工智能治理应结合实际应用，合理区分各方主体责任，加强治理主体的联动及治理任务的协同，研制具体可操作的标准和规范，加强重点标准的推广宣传力度，树立行业标杆，降低治理成本和发展约束。

第四章　问题挑战

　　2023 年，我国网络诚信建设取得积极成效，法律法规持续健全、工作举措持续创新，专项行动精准有力，行业自律深入推进，平台企业主体责任积极落实，广大网民诚信意识不断提升，多元参与、多方协同、多点发力、多措并举的网络诚信建设新态势新格局基本形成，网络诚信建设在正能量传播、网络空间信用构建、网络生态综合治理、优化营商网络环境、信息惠民利民等方面发挥着日益重要的作用。但是，网络诚信建设既具有长期性、复杂性、艰巨性，也具有创新性、关联性、时代性，网络空间传统问题挑战及存量治理与新技术新应用过程中的风险挑战及增量治理并存，网络诚信建设高质量发展仍面临一些新问题、新挑战，需要凝聚众智、集聚众力、久久为功。

一、网络诚信建设面临的新形势

　　当前，云计算、大数据、人工智能、区块链等信息技术持续发挥在社会经济各领域的渗透、扩散和乘数效应，不断引领经济生产新变革，开拓社会生活新场域，加速整个社会迈向数字化、网络化、智能化进程，网络安全领域传统风险隐患依然存在，其衍生出的新特征与新技术应用带来的新问题叠加、融合，使得网络谣言、网络暴力、电信网络诈骗等不同形态的违法违规失信行为给网络社会和现实社会带来双重冲击和影响，对网络诚信建设提出一系列新任务、新要求。

（一）社会网络化与网络社会化趋势拓展网络诚信的深度广度

网络社会是通过数字技术把数字化个体互动构成的群体连接起来，并与现实社会大环境持续产生交流与互动的组织形态，在网络社会发展过程中，社会网络化、网络社会化特征愈加凸显，构建诚信生态既需要从法律、法规等制度性层面加以规范，也需要从道德、伦理、文化等非制度性层面加以引导。

1. 网民规模持续扩大，诚信素养结构性分化特征明显

截至 2023 年 12 月，我国网民规模达 10.92 亿人，手机网民规模达 10.91 亿人，使用手机上网的网民比例达 99.9%[①]，我国已形成全球最大、生机勃勃的数字社会，数字化生产生活愈加多样化，面对如此庞大的网民群体，网络诚信建设必然具有长期性、复杂性、艰巨性。由于网络基础设施建设、网络接入普及度等方面的差距，互联网发展的不均衡性在地域、职业、年龄等方面体现出结构性分化特征，城乡数字鸿沟、代际数字鸿沟、技能数字鸿沟等新旧问题交错，亿万网民群体在网络法治意识、网络诚信素养等方面存在的明显差距体现在信息获取和处理能力、数字交流能力、数字内容创造能力、数字化问题解决能力等方方面面，加强网络诚信建设对于弥合数字鸿沟、创造平等包容的网络环境至关重要。

2. 线上线下紧密融合，网络诚信与社会信用互相影响

信息技术的快速发展，各类网络应用的加速迭代创新，为人们提供

[①] 中国互联网络信息中心（CNNIC）：《第 53 次〈中国互联网络发展状况统计报告〉发布》，https://cnnic.cn/n4/2024/0321/c208-10962.html，2024 年 3 月 22 日。

信息获取、沟通交流、生产生活等愈加便利、快速、多样化工具和满足自我表达、赢利获益、社交认同等不同需求的多元化选择，由此产生的以数字化形式存在的、人们在现实社会中形成的思想观念、行为模式，汇聚成庞杂的用户流、信息流、技术流、数据流在网上网下交融交错，当法律、法规等制度性规范的覆盖面、约束性受到限制时，网络诚信对道德关系、契约关系、交易关系等社会生产生活方方面面的影响力逐渐增强，既成为网络空间健康有序发展的重要保障，也成为社会信用在网络社会的映射。

（二）现实社会与网络社会相融交织丰富网络诚信的内涵外延

互联网在不断地改变人们的行为方式、交往关系的过程中，也在深刻地改变着社会结构，网络诚信在现实社会与网络社会相互交错融合的发展趋势中具有更加丰富的内涵和外延。

1. 网络使用主体存在方式、思维方式、沟通交往方式等技术性因素增强

基于互联网或在网络空间进行的经济活动持续发挥在挖掘经济增长新动力、培育新业态新模式、创造新就业机会等社会生产生活中的积极作用，推动生产生活方式、交易方式、交流方式等愈加数字化。网络使用主体的社会态度、社会心理、社会行为、社会动机、社会情感等在具有虚拟性、开放性、交互性、跨时空性的网络空间进行传导和纾解，不论是个体、群体或组织，在使用互联网过程中具有不同目的动机、价值观念、数字素养，在网络空间这个相对可以自由表达的空间，人性得到极大的释放，互联网技术与应用发展越迅猛，网民线上线下生活的连接愈加紧密、融合更加广泛，网络空间承载的社会情感、社会压力越多、越复杂，技术性特征越明显。

2. 社会生产力、生产关系等各方面产生的变化赋予社会生产者双重身份

作为网络信息基础设施、信息技术、网络应用等互联网服务提供者，互联网企业日益成为创新驱动发展的重要力量，既为产业数字化和数字产业化提供丰富的技术应用与场景模式，也在与时俱进地适应信息技术发展与治理的新规则、新要求。2023 年，在线旅游、在线文娱、在线餐饮销售额分别增长 237.5%、102.2%、29.1%，拉动网络零售增长 2.6 个百分点[①]，持续释放扩大消费新动能，促进线上线下服务消费热点更加多元化。在网络诚信建设这个有机的生态系统中，平台企业既是网络诚信建设的参与主体，也是网络失信现象的责罚主体，具有双重身份，平台企业的多样性、优胜劣汰的竞争性、资本利益的冲突性等现象，既要平衡好发展与安全的关系，也要平衡好经济利益与社会利益的关系，对平台企业自身的诚信建设提出更高要求。

（三）显性违法违规与隐性失信问题增加网络诚信的建设成本

2023 年 1 月至 11 月，检察机关共起诉各类网络犯罪 28 万人，同比上升 35.5%，占全部刑事犯罪的 18.8%[②]。随着互联网技术及应用广泛渗透到社会生产生活各个领域，社会失信问题借由网络空间的隐匿性、平台载体的多元性、接入使用的低门槛性、信息内容的繁复性、技术应用的双面性向线上转移、蔓延。

1. 违规成本抵、责罚力度小等违法违规问题向网络空间转移

实体经济行业规则、经营制度较为成熟健全，受到的规制与约束相

[①] 商务部新闻办公室：《商务部：2023 年全年网上零售额 15.42 万亿元，增长 11%》，央视网：https://news.cctv.com/2024/01/19/ARTIB3VG1UCIXsr3uFn4emho240119.shtml，2024 年 1 月 19 日。

[②] 刘家埔：《2023 年前 11 月检察机关起诉各类网络犯罪 28 万人》，最高人民检察院网：https://www.spp.gov.cn/spp/zdgz/202402/t20240223_644631.shtml，2024 年 2 月 23 日。

较于平台企业更为广泛、更为直接，网络空间的虚拟性、开放性等天然属性突破商业活动、生产活动的地域性、时空性限制，大大降低交易成本、管理成本，在网络空间中"选择权"和"规避权"之间的对立，引发权利与义务、个体与群体、思想与行为的矛盾，色情、暴力、赌博等显性违法违规问题逐渐向网络空间转移、蔓延，其犯罪成本低、手段多样化、追责风险小等特征，很容易被效仿、隐藏、变异，不法分子为追求最大限度的经济利益，借由互联网这个载体实施诈骗、制假售假等侵害消费者合法权益的违法违规失信行为。

2. 假冒伪劣商品、食品安全等问题在网络空间以新特性出现

线下交易中存在的假冒伪劣商品，餐饮行业中的食品安全问题，在网络购物、外卖等网络应用中以新形式、新特性出现，虚假宣传、欺诈销售、价格违法等失信行为破坏网络市场营商秩序。2023 年，全国消协组织受理投诉情况显示，电商平台预售模式存在"尾款"涨价、逃避保价、赠品承诺不兑现、承诺时间不发货、活动期间"最低价"不属实等失信行为，个别商家滥用算法推荐等技术手段伪造商品、店铺好评，误导、欺骗消费者，甚至以恶意差评等方式诋毁同行业竞争者，滥采滥用个人隐私信息、滥用市场支配地位开展恶性竞争等损害广大消费者、经营者合法利益的违规行为，破坏健康有序的网络营商环境和社会公平正义。

（四）新技术新应用发展的双重效应凸显网络诚信的时代特性

技术既是旧问题的解决之道，也是新问题的根源之一，技术创新一旦进入应用阶段，便进入诚信、道德、伦理领域，具有向善或向恶的双重效应，既带来发展机遇，也带来风险挑战。

1. 技术创新应用为社会大众提供用得上、用得起、用得好的服务

从信息惠民利民发展来看，移动支付试点接入医保系统，实现挂

号、缴费等流程实时汇算清缴，网民借助手机即可完成医保统筹基金报销、个人账户、个人自付费用一键结算。从促进高质量发展来看，生成式人工智能技术应用于众多互联网应用，提供丰富的视听感受。比如，完美世界在游戏设计中采用稳定扩散模型（Stable Diffusion）[1]等工具提升用户体验；中手游科技集团有限公司在文案、2D美术、语言翻译和配音等环节全面引入AI技术以降低外包成本[2]；科大讯飞发布"讯飞智作"内容创作平台，依托人工智能技术构建虚拟直播室，输入文稿即可完成视频直播；百度、腾讯云推出数字人[3]虚拟主播相关产品，24小时内可制作出与真人近似的虚拟主播，成为降本增效的工具。

2.技术创新应用引发无意而为或有意而为的法律风险和道德滑坡

信息技术及各类互联网应用迅猛发展、迭代创新，网络使用者对新技术新应用带来的工具性、趣味性背后蕴含的法律风险和侵权纠纷并不完全了解。比如，未经肖像权人同意，通过技术手段提取肖像并擅自使用或上传至换脸App中供用户选择使用的行为可能侵犯当事人肖像权和名誉权；AI软件"一键脱衣"等篡改行为包含的色情、暴力等违法和不良内容，可能涉及行政违法甚至刑事违法。网络社交新玩法不断升级，不法分子有目的性地扮演目标受众群体的"贴心好友"、"读心大师"、有针对性地生产更容易诱人相信的网络谣言、设置评论立场或风格，在吸引网民关注、骗取网民信任之后实施网络诈骗等违法违规行为，给网民群体带来的情感冲击、经济损失等恶劣影响，引发"抵触技术、排斥技术、诋毁技术"的信任危机。

---

[1] 稳定扩散模型（Stable Diffusion）：指一种基于潜在扩散模型（Latent Diffusion Models）的文本到图像生成模型，能够根据任意文本输入生成高质量、高分辨率、高逼真的图像。

[2] 宣晶：《全球网游市场低迷，上海何以逆势增长》，光明网：https://m.gmw.cn/2023-06/20/content_36641481.htm，2023年6月20日。

[3] 数字人：指运用数字技术创造出来的、与人类形象接近的数字化人物形象。

二、网络失信治理面临的新挑战

网络成为公众获取传递信息、满足生产生活需求、参与社会公共事务讨论的开放性载体，也为网络谣言、网络暴力、电信网络诈骗等违法违规失信行为打开便利之门。

（一）网络谣言更为复杂

2023 年，中央网信办等多个部门严厉打击蓄意编造传播假新闻、借社会热点炒作骗取流量等损害社会信任、扰乱社会秩序的造谣传谣行为，有力遏制网络谣言滋生传播，但网络谣言的内容形式、传播速度、更新频率、渗透手段不断变形升级。

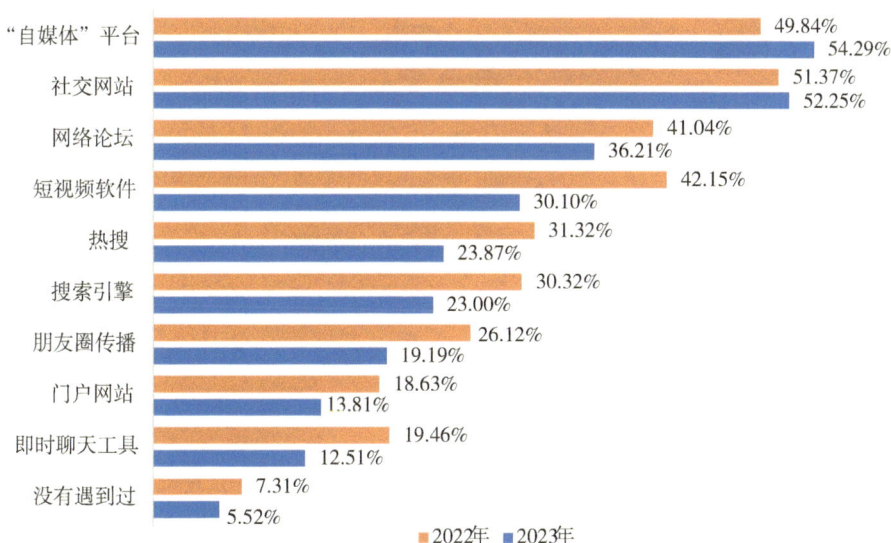

图 11　网络谣言的来源

从网络谣言的来源来看，超五成网民认为"自媒体"平台、社交网站是网络谣言滋生传播的主要来源，占比较 2022 年均有所提升。从网络谣言产生和扩散的原因来看，权威信息供应不足、网站平台落实主体责任不力等情况已得到极大改善，占比相较 2022 年均有大幅下降，但网络空间匿名性、流量资本逐利性等客观要素的存在使得网络谣言的时间碎片化、内容碎片化、情感碎片化形态更为复杂。

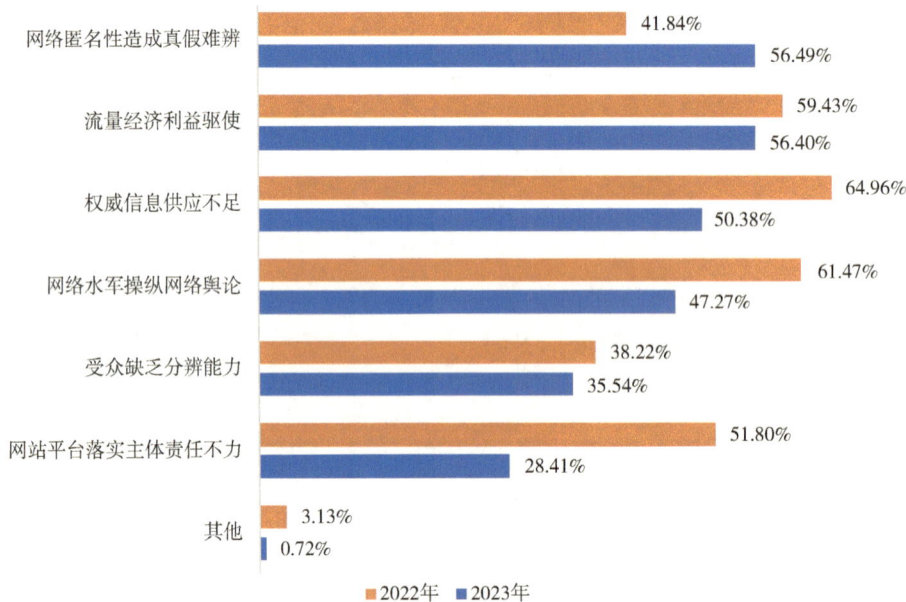

原因	2022年	2023年
网络匿名性造成真假难辨	41.84%	56.49%
流量经济利益驱使	59.43%	56.40%
权威信息供应不足	64.96%	50.38%
网络水军操纵网络舆论	61.47%	47.27%
受众缺乏分辨能力	38.22%	35.54%
网站平台落实主体责任不力	51.80%	28.41%
其他	3.13%	0.72%

图 12 网络谣言产生和扩散的原因

一是滥用新技术手段混淆网民认知。全网络环境下，信息碎片化特征更加明显，网民接触谣言的时间有前有后，一部分谣言刚停止，另一部分可能才刚刚兴起，加速不良信息在不同网民之间的互动与传播。2023 年 6 月，浙江警方破获一起利用 AI 技术制作虚假视频、编造网络谣言非法牟利案，犯罪团伙通过 AI 技术深度合成名为"绍兴上虞工业园区发生重大火灾"视频，通过平台返利形式非法获利。出于商业推广或引流牟利目的，不法分子利用事关经济、民生等各领域热点事件，博人眼球、吸粉引流的造谣传谣现象浮于虚拟空间，很容易形成谣言传播的"蝴蝶效应"，给人们带来信息辨识压力、经济损失等困扰，不仅扰乱正常社会秩序，也会严重损害个体与个体之间、个体与商家之间、商家与商家之间的信任度。

二是利用受众心理扩大谣言传播。网络谣言往往精准拿捏广大网民群体"吃瓜心态"，打着"猛料曝光"的幌子捏造谣言，以共同兴趣、持相近观点或共同目标为纽带连接在一起的网民群体，很容易出现盲目跟风、偏执狂热、无责任感的冲动，造谣传谣群体规模急速膨胀。2023年，山东张某某等3人运营多个超百万粉丝"大V"账号，专门编造发布针对单位或个人的虚假信息，使用多个账号相互转发评论进行炒作，向受害单位及个人敲诈勒索，严重扰乱社会秩序，造成恶劣影响。不良信息的发布传播、参与讨论往往是在社交网络功能较强的"潜传播"状态下进行，具有弱连接关系的广泛性，也具有强连接关系的稳定性，不良信息以图片、文字、视频、音频、表情符号、数字等形态出现，其更新速度过快导致信息不完整、表达不连续，滋生断章取义、移花接木的谣言，随着全网络平台重复转发、再次加工生产、多次传播。

三是恶意炒作社会事件制造混乱。自主开放的话语权、节点到节点的交互传播使得信息内容泛娱乐化、碎片化，网络舆论主体的广泛化使得舆论场域的中心呈现不停转变的动态模式，为满足猎奇、宣泄、牟利等目的的造谣传谣现象屡禁不止。2023年4月10日起，公安部开展为期100天的网络谣言打击整治专项行动，共侦办案件2300余起，整治互联网平台企业近8000家（次），依法关停违法违规账号2.1万余个，清理网络谣言信息 70.5 万余条 [①]。不法分子或团体出于炒作、营销等目的编造各类歪曲真相或无中生有的网络谣言，一些事关经济、民生领域的热点问题容易被放大炒作、滋长扩散，对组织、个体造成恶劣影响和危害。2023 年 3 月，山东警方破获一起特大造谣引流网络水军案，某传媒公司利用群控软件和人工智能技术，大肆爬取境内外短视频内容，篡改编造敏感社会事件，在网络平台发布虚假信息，其运营的自媒体账号达 4 万多个，虚假帖文信息 80 多万篇。一些机构已形成一整套网络事件炒作的流程和方法体系，在互联网内容传播方面具有很强的掌控能力，滥用炒作手法进行恶意辱骂诋毁、编造网络黑话、污名化特定群体、煽动矛盾对立，随之产生一系列网络安全风险隐患延伸至现实社会，给社会稳定、经济活动等带来负面影响，对公众身心健康造成不良影响。

（二）自媒体乱象错综复杂

作为公开化、社会化交流平台，自媒体平台注册门槛低、操作门槛低，汇集了不同年龄、地域、职业、学历的用户群体，在用户群体越来越广泛、信息内容越来越繁杂、更新传播速度越来越快的背景下，造谣传谣，恶意炒作，炮制有害信息，假冒仿冒官方机构、新闻媒体和特定人员账号，蹭炒热点、吸粉引流等乱象仍有发生。

---

① 程琴:《打击整治网络谣言！全国公安机关依法关停违法违规账号 2.1 万余个》，央视网：https://news.cctv.com/2023/07/21/ARTI4Hs1bL9obAfeHvaq8GfU230721.shtml，2023 年 7 月 21 日。

造谣传谣　　　　　　　　　　　　　　　　　60.87%

恶意炒作　　　　　　　　　　　　　　　　　59.45%

炮制有害信息　　　　　　　　38.16%

假冒仿冒官方机构、新闻媒体和特定人员　　34.57%

蹭炒热点，吸粉引流　　　　33.05%

造热点博流量　　　25.81%

低俗、涉黄言论或表演　9.90%

其他　0.63%

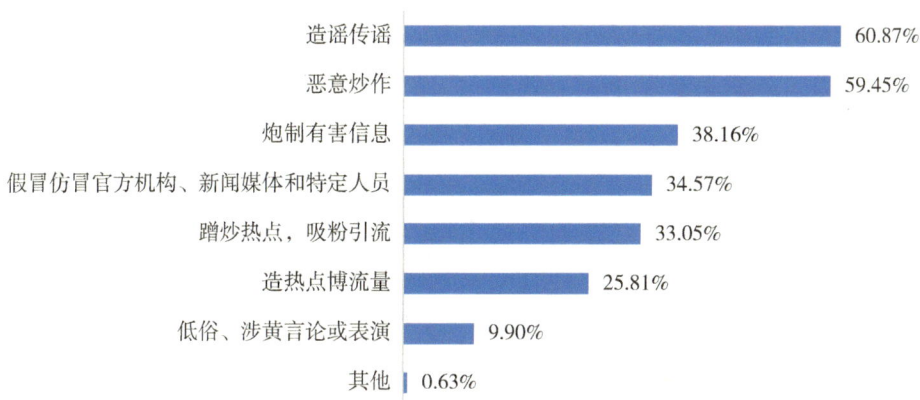

图 13　自媒体乱象错综复杂的原因

一是虚假有害信息传播仍有发生。面对海量信息鱼龙混杂、真假难辨的舆论生态，新技术新应用推动信息内容的网络传播格局发生深刻变化，有害信息渗透传播呈现"源头在境外、行动在境内"的态势，以"换脸"为代表的"深度伪造"等技术容易被用于伪造虚假音视频材料，增加信息识别难度，区块链、加密通信等技术增加信息传播鉴别难度，具有社交属性的平台、App 等成为有害信息渗透传播的重要渠道，各类"翻墙"软件不断升级，大大增加自媒体乱象治理处置难度。个别自媒体账号、平台逐渐步入公司化运作、利益驱动的商业模式，少数网络"大 V"利用重要历史事件和敏感时间节点在网上发声，改头换面散布虚无历史、混淆是非的错误思想观点，或胡乱解读社会热点事件、片面曲解公共政策，敌对势力借机蓄意挑衅，歪曲解读社会事件，制造对立矛盾，采取多种方式发布、散播抹黑中国发展成就、诋毁党的政策等攻击性言论，扰乱传播秩序和社会秩序。

二是假冒仿冒官方账号层出不穷。《互联网用户账号信息管理规定》明确规定：互联网用户注册、使用账号信息时不得假冒、仿冒、捏造政党、党政军机关、企事业单位、人民团体和社会组织的名称、标识等，不得假冒、仿冒、捏造国家（地区）、国际组织的名称、标识等，不得假冒、仿冒、捏造新闻网站、报刊社、广播电视机构、通讯社等新闻媒体的名称、标识等，或者擅自使用"新闻""报道"等具有新闻属性的名称、标识等。少数自媒体从业者把假冒账号作为赚快钱捷径，以形近字替换、在正确昵称上加符号、使用高度近似头像等形式，冒充政府部门、新闻媒体、专家学者、明星名人等官方账号，发布传播违法和不良信息，频频在热门话题发表评论、搅浑水，以此生成虚假流量数据、制造虚假舆论热点，从中获取高额收益，以假乱真的程度，甚至能够让网民把官方账号当作假冒账号，把假冒账号当作真实账号，这些假号仿号发布的虚假信息经评论、转发，易形成危害社会公共安全、误导公众是非判断的社会事件，严重损害官方账号公信力、诚信度。

三是吸粉引流现象扰乱社会风气。在治理重拳持续发力下，大多数平台对不良信息、不良账号采取禁言、关停等治理措施，但对流量变现的不正当追逐，使得一些人借助自媒体进行自我炒作，哗众取宠的虚假摆拍频频出现，博人眼球、蹭流量、吸粉丝、赚打赏，为牟取更多空手套白狼的利益，一再突破诚信底线，带来不良的社会影响。2023年3月，北京市网信办就以卖惨方式博取流量的违规行为约谈相关平台，因自媒体账号"金洋Jyan"发布一段视频，以自述口吻讲述自己"体检时被查出肝癌"等信息，获数千万次播放量，引发舆情关注。平台管理官方微博次日发布消息称"金洋Jyan"发布视频属虚构，予以阶段禁言、禁止被关注及暂停广告收益的处罚。2023年5月，浙江省"浙里清朗·从严整治'自媒体'乱象"专项行动公布部分典型案例，包括某"自媒体"账号发布"城管打人""加班猝死"等虚假信息，某"自媒体"账号发布涉楼盘销量不实信息[①]，借用网民关注度较高的热点事件、热门话题去扮演当事人、第一位播报员编造传播虚假信息的现象仍有发生，有些自媒体账号通过伪造事实、编造故事或虚构场景等手段，误导公众对事件、人物的认知，引起公众强烈情绪波动，破坏社会秩序和公共利益。

（三）网络暴力危害严重

2023 年，最高法、最高检、公安部和中央网信办等大力整治谩骂侮辱、侵犯隐私等网络暴力违法犯罪行为，各大平台相继发布治理网暴规则、防网暴指南手册、防网暴工具，形成打网暴、治网暴、防网暴的合力。但以互联网为媒介实施的羞辱谩骂、"人肉搜索"、信息骚扰等网络暴力问题，依然成为侵害他人合法权益、破坏网络生态、危害社会秩序的顽瘴痼疾。

一是网络暴力影响范围有所扩展。新型网络暴力方式被作为制造网络舆情、操控误导民意、谋求不正当利益的工具，个体对个体、群体对个体、群体对群体的侮辱谩骂、造谣诽谤等网络暴力行为，从社会生活领域扩展至商业竞争领域，升级为商家对消费者、商家对商家的恶意攻击。2023 年 2 月，广州互联网法院发布算法错误关联个人信息侵权责任案、商家服务遭差评擅自公布消费者个人信息侵权案、手机 App 未经用户许可监测读取手机剪贴板信息的个人隐私侵害案及擅自对个人信息标签化、污名化的非法处理个人信息案[②]。由于网络暴力本身的模糊性及受害人具有的特殊性，涉网暴案件通常与侵犯名誉权、隐私权等息息相

---

① "网信浙江"微信公众号：《浙江从严整治"自媒体"乱象　积极营造天朗气清网络空间》，中国网信网：https://www.cac.gov.cn/2023-05/08/c_1685190885558466.htm，2023 年 5 月 8 日。

② 综合审判一庭：《广州互联网法院发布个人信息保护典型案例》，广州互联网法院网：https://mp.weixin.qq.com/s/er1LUk8VNQoOHscISCWA2Q，2022 年 11 月 2 日。

关，涉及刑事责任、行政责任与民事责任，普遍存在溯源难、侵权人确定难、证据固定难、受害人举证难、公诉门槛高等问题，施暴者违法成本低，受害者维权成本高，加大网络暴力法治化治理的难度。

二是线下矛盾转移至线上引发网暴。网络身份的虚拟性使得施暴者存在"法不责众"心理，放松或忽视社会道德规范的约束力，认为在网上"随便骂几句话不是罪"，常见的争吵、情感矛盾、消费服务不满意等线下纠纷，出于发泄个人情绪或报复的目的，夹杂着不实信息、过激言论发布至网上，经网络大量转发、评论，引发网络暴力。2023年2月，汤某某和何某因琐事多次发生冲突，未能协商解决。后双方矛盾日益激化，于同年6月在多个网络平台发布视频泄愤，捏造对方非法持枪、抢劫、强奸等不实信息，引发大量跟风评论、嘲讽、谩骂，造成不良社会影响，云南省玉溪市公安局红塔分局依法对汤某某、何某处以行政拘留五日的处罚并责令删除相关违法视频。在网络空间这个"陌生人社会"，网络暴力主要以网络使用主体行为失范的形式表现出来，对网络暴力的认知偏差导致网上言行越界，道德伦理责任意识、风险防范意识和依法维权意识等仍需要进一步提升。

三是倾向性舆论加快网暴信息传播。网络媒体快速性、延展性、即时性、互动性等特点，使得与社会大众切身利益息息相关的社会问题映射到网上，极易通过互联网迅速发酵，面对突发公共事件的倾向性言论、观点，网民很容易自觉或不自觉产生"单边主义"思维习惯和行为方式。2023年10月3日，南阳迷笛音乐节不少乐迷反映在音乐节现场和露营区遭遇帐篷、露营车、酒、手表、手机等财物被盗，此事在社交媒体发酵之后，引发网友发起"地域攻击"，中原迷笛音乐节组委会对此事件回应的粗暴措辞进一步导致事件升级，激化网民在微博、短视频等平台不断对骂。由此可见，文生文、文生图、图生图、图生视频等海量信息导致舆论观点多元化与事实信息单一化之间的失衡，一旦曝出负面信息，极易在网络上迅速传播，甚至被夸大扭曲，给依法依规治理网络生态乱象带来挑战和压力。

（四）网络直播良莠不齐

作为一种新经济形态，电商直播在带动消费、促进创业就业等方面展现出重塑传统商业模式的潜能，为广大网民群体提供新兴传播模式和交流互动体验，在快速发展的过程中，暴露出虚假宣传、浮夸表演、色情引流等种种失信问题。

	2022年	2023年
虚假宣传，夸大产品性能，价格不实	69.28%	79.68%
销售假冒伪劣商品	58.60%	57.04%
用水军控评刷单，误导消费者	40.38%	45.13%
设置霸王条款，侵犯消费者权益	29.67%	37.14%
利用情色等手段诱导消费	25.14%	33.23%
其他	4.05%	1.23%

图 14　直播带货存在的不诚信行为

2023 年，监管部门重点打击网络直播领域虚假带货、色情引流、暴力谩骂、诱导打赏等违法违规行为，依法约谈相关平台，责令限期整改并作出行政处罚，下架关停一批集纳传播淫秽色情、赌博等违法信息的直播平台①。但是，不良价值取向、流量认知偏差、媒介素养良莠不齐等

---

① 秦川：《人民热评："夸克"、"网易 CC"不要"走捷径"去以身试法》，人民网：http://gd.people.com.cn/n2/2023/1031/c123932-40623648.html，2023 年 10 月 31 日。

多种因素导致直播乱象屡禁不止、屡治不止。

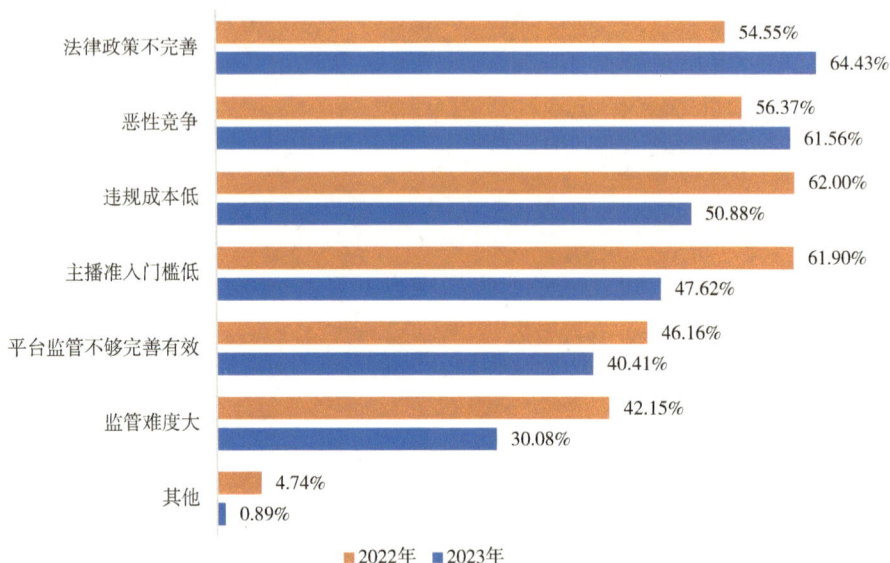

图 15　直播带货不诚信行为的原因

一是直播虚假宣传较为普遍。2023 年，电商直播带货中虚假宣传、假冒伪劣商品较为普遍。2023 年 5 月，"小贝饿了"所在的品飒传媒（西安）有限公司当事人员工在直播带货过程中先后 19 次将"顶诺静腌牛排"宣传为"原切牛排"，误导欺骗消费者购买其商品，不当牟取交易机会和竞争优势，构成虚假宣传不正当竞争行为，被西安市市场监督管理局罚款 46 万元[①]。虚假宣传、控评刷单、渲染夸大产品功效、欺骗误导消费者等不良直播行为严重破坏网络生态环境，透支网民信任，削减消费者消费意愿，同时侵害相关企业、商品的品牌价值，扰乱社会秩序，对营造健康的网络营商环境产生不利影响。

二是剧本套路运作方式升级。通过摆拍场景、扮穷卖惨、浮夸表

---

① 楼纯、黄伟芬:《直播中 19 次说错，"千万主播"被罚！网友：这能是"口误"》，潮新闻网：https://tidenews.com.cn/news.html?id=2465073&source=1，2023 年 5 月 8 日。

演、打造低俗人设和违背公序良俗的网红形象等方式博眼球、赚流量、牟暴利的不良现象仍时有发生。2023 年，中国消费者协会发布"双 11"消费维权舆情分析报告，直接点名知名网红"小杨哥"徒弟靠丑态博取眼球、吸引流量进行直播带货的做法。2023 年 5 月，凉山公安侦查发现，"凉山曲布""凉山孟阳"等多个网红主播由成都某传媒公司包装运作，以发布悲惨身世、贫困生活等短视频，雇用网络水军引流涨粉、刷量控评等方式，不断哄抬直播间热度，销售假冒原生态农特产品以牟取暴利，扰乱网络市场经济秩序，抹黑脱贫攻坚成果①，对电商扶贫、农产品直播带货等助农惠农举措带来不利影响。

三是低俗不良信息污染生态。2023 年，在直播间利用情色等手段诱导消费者的占比为 33.23%，较 2022 年提升 8.09 个百分点。在造星成名、资本逐利等因素影响下，刻意展示"软色情"内容、发布色情网站链接等不良直播现象较为集中，有的主播在打广告、推销商品或服务过程中存在违背社会公序良俗的现象，比如，大姨妈 App 首屏"她说"版块多名用户发布色情网站链接；有的主播追求观众数量和点击率，故意制造低俗、暴力和色情内容，违反法律规定，比如，花椒直播"跳舞"版块多名主播在直播中衣着暴露、行为挑逗；有的主播利用直播平台散布谣言、诽谤他人、实施网络欺凌，比如，超级手电筒 App 首页首屏"娱乐头条"版块推荐大量娱乐明星隐私八卦等不良信息，天天吉历 App"运势测算"等多个版块宣扬算命占卜等封建迷信②，种种乱象严重破坏网络生态环境，冲击网络空间道德文明规范，侵害个人和组织合法权益。

---

① 刘向南：《摆拍卖惨，直播带货谋取暴利，网红"凉山曲布""凉山孟阳"被查》，光明网：https://m.gmw.cn/2023−09/17/content_1303517196.htm，2023 年 9 月 17 日。

② 中央网信办：《网信部门依法查处花椒直播、天天吉历 App 等破坏网络生态案件》，中国网信网：https://www.cac.gov.cn/2023−12/29/c_1705519843935413.htm，2023 年 12 月 29 日。

（五）电信网络诈骗方式改头换面

2023 年，最高检、公安部等部门破获电信网络诈骗案件 43.7 万起[①]，电信网络诈骗犯罪多发高发态势得到有效遏制，依法打击治理工作取得积极成效。但在严打之下，不法分子掩饰不法行为、逃避法律责任的手段也在改头换面、不断升级。

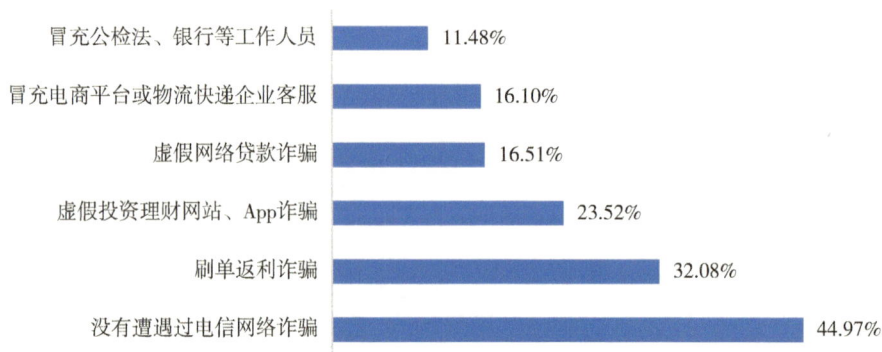

图 16　网民遭遇电信网络诈骗的比例

2023 年 4 月，最高检印发《关于加强新时代检察机关网络法治工作的意见》，与公安、法院及有关部门协同联动，构建"全链条反诈、全行业阻诈、全社会防诈"打防管控体系，依法从严惩治电信网络诈骗等违法行为取得积极成效，国际反诈协同困难多、网民反诈意识薄弱、犯罪分子乘虚而入等仍是整治电信网络诈骗的难点痛点。

---

① 公安部：《图片直播——公安部新闻发布会》，公安部网：https://www.mps.gov.cn/n2254536/n2254544/n2254552/n9372690/index.html，2024 年 1 月 9 日。

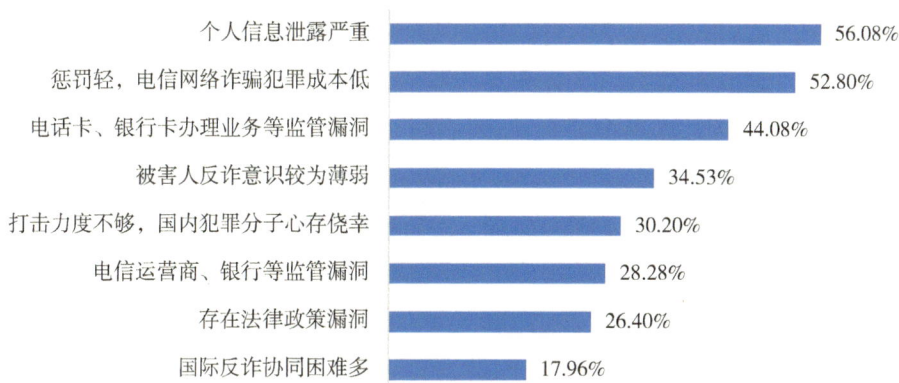

图 17　电信网络诈骗的治理难点

个人信息泄露严重　56.08%
惩罚轻，电信网络诈骗犯罪成本低　52.80%
电话卡、银行卡办理业务等监管漏洞　44.08%
被害人反诈意识较为薄弱　34.53%
打击力度不够，国内犯罪分子心存侥幸　30.20%
电信运营商、银行等监管漏洞　28.28%
存在法律政策漏洞　26.40%
国际反诈协同困难多　17.96%

一是诈骗方式更具迷惑性、隐蔽性。2023 年，网民遭遇过刷单返利诈骗，虚假投资理财网站、App 诈骗的占比分别为 32.08%、23.52%。虚假投资理财、虚假征信、刷单返利等方式从单一模式衍生出"赌诈结合"等复合方式，单纯出租、出售银行卡等诈骗行为逐渐减少，"卖卡＋刷脸验证"等规避刑事侦查和银行风控的行为逐步成为主流，小额度、多频次诈骗方式迷惑性较强，被害人对于几十元到几百元之间经济损失警惕性不高，很容易成为犯罪分子实施诈骗的目标对象。2023 年，北京市海淀区人民检察院办理张某强等 4 人诈骗、侵犯公民个人信息案，犯罪嫌疑人非法获取公民寄递信息，以货到付款形式，对价值 2 元足浴包收取货款 69 元，向全国不特定收货人"盲发快递"17 万余单，骗取钱款共计 30 余万元。犯罪分子利用目标群体痛点弱点，以投资养老产业、提供诊疗服务等理由诱骗老年人购买虚假基金、理财产品，以出售游戏点卡、皮肤、为明星投票打榜为名向未成年人施诈，以介绍工作为名骗取全职家庭主妇等被害人介绍费、加盟费，引诱被害人吸收他人加盟缴费，成为诈骗犯罪的"帮凶"，2023 年 1 月至 10 月，全国检察机关共起诉掩隐罪 10.4 万余人，同比上升近 80%[①]。

二是诈骗工具更具技术性、易用性。新型 GOIP 设备只需两部手机、一根音频线即可实现远程控制拨打电话的功能，诱导更广泛人群参与电信网络诈骗犯罪。2023 年，网民遭遇过冒充公检法、银行等工作人员实施诈骗的占比为 11.48%。一方面，犯罪分子利用伪造的面部特征和身份信息，冒充被害人亲朋好友，破解手机密码、窃取银行账户，利用语音合成技术模仿公检法、银行工作人员等拨打诈骗电话，诱导转账。另一方面，不法分子通过技术手段，将境内外伪基站、网络钓鱼、木马等黑产模块隐藏在虚假中奖、兑换礼品、伪造账户余额、冒充退款等方式中，降低目标对象的警惕性，实施的电信网络诈骗从侵害经济利益演变为绑架勒索、人口贩卖、非法拘禁等严重侵害人身安全的犯罪行为。

三是诈骗团伙更具产业化、集团性。2023 年，以"工业园区、科技园区"作为幌子的超大犯罪集团呈现产业化、集团化特征，加大打团伙、摧网络、斩链条的跨境执法难度，比如，最高检、公安部第三批联合督办的江苏江阴"6·16"专案，潘某某等 6 名幕后"金主"在缅北出资建造"五金建材城"，先后招揽 18 个诈骗团伙开展封闭式管理，形成超大犯罪集团。跨境诈骗集团采用人内网外、人外网内、人网皆外等诈骗模式，境内犯罪分子"翻墙"登录国外"暗网"，偷越到境外的犯罪分子通过境内 GOIP 无线网关设备向被害人拨打诈骗电话、发送诈骗短信，偷越到境外的犯罪分子利用境外即时聊天工具、网站，在不同社交、短视频等平台发布信息，将被害人引流至不同电商平台之后指示被害人通过不同支付工具付款，通过不同物流平台虚假发货，造成鉴别难度大、追溯取证难度大等问题。

---

① 最高人民检察院网上发布厅:《检察机关打击治理电信网络诈骗及其关联犯罪工作情况（2023年）》，https://www.spp.gov.cn/xwfbh/wsfbt/202311/t20231130_635181.shtml#2，2023 年 11 月 30 日。

第五章　对策建议

2024 年，是习近平总书记提出网络强国战略目标 10 周年和我国全功能接入国际互联网 30 周年。当前，网络强国建设与党和国家事业发展同步推进，立足新征程，网络诚信建设要坚持以习近平新时代中国特色社会主义思想为指导，广泛凝聚中央和国家机关，地方各级党委、政府，行业组织，互联网企业及广大网民等多元主体力量，推动主管部门监管责任、行业协会监督责任、平台企业主体责任、广大网民防范责任相统一，深入推进网络诚信理念思路、体制机制、方式方法探索创新，推动网络诚信建设成为广泛弘扬社会主义核心价值观的有效载体，持续优化多元参与、多方协同、多点发力、多措并举的工作格局，积极培育网络文明新风尚，凝聚行业健康发展新活力，共同营造诚信上网、诚信用网的良好氛围，以网络诚信建设新成效为网络强国建设提供有力的服务、支撑和保障。

一、广泛凝聚社会共识，持续增强共同践行维护网络诚信建设强大合力

网络诚信是社会信用体系建设的重要组成部分，是网络文明建设的重要实践活动，网络诚信建设需要全社会共同践行、共同维护，进一步

优化完善多方主体共同参与、共建共享发展成果的新格局。

（一）提升多元主体积极性、协同力

推动形成适应新时代网络诚信建设要求的理念思路、协作机制、政策环境、方式方法，统筹好发展与安全、利益与义务、自律与法治、开放与管理等多方关系，推动形成崇尚诚信、践行诚信的良好风尚，进一步优化完善党委政府、行业组织、媒体机构、互联网企业、广大网民等多元主体共建共享的长效机制，强化各方主体责任落实，全面推进诚信上网、诚信办网、诚信管网、诚信治网。推动网上网下诚信建设有机融合、相互促进，大力发展积极健康、向上向善的网络文化，将网络诚信建设纳入社会信用体系建设、网络文明建设等评估体系，凝聚共享信用信息、实施联合奖惩等方面合力。推动形成规范化、高效化、协同式工作格局，鼓励行业组织、互联网企业提供政策咨询、技术研发、标准规范、数据资源等服务支撑，提高平台企业、行业组织、广大网民参与网络空间道德建设、网络空间生态治理、网络空间文明创建的主动性、积极性，为新时代网络文明建设注入活力。

（二）提升政策措施精准性、执行力

优化政策决策的供给体系，立足网络立法"四梁八柱"，进一步丰富政策解读、普法宣传、以案释法的方式方法，扩大网络安全法、电子商务法、数据安全法、个人信息保护法等法律法规的认知范围和执行效度，推动信用立法等政策措施在地方实践中的协调性和耦合度。推动弥补法规和标准空缺，完善垄断行为认定法律规则，健全经营者集中分类分级反垄断审查制度，破除各领域、各行业数据垄断等问题，防止利用数据、算法、技术手段等方式排除、限制竞争的失信失范现象。优化协

同共治的工作机制，构建立法普法执法司法一体化推进格局，探索建立网络诚信分级分类评价标准体系，深入推进互联网医疗、在线教育、电子商务等与社会大众生产生活密切相关领域的网络诚信建设，完善申诉渠道及方式，提升网络失信治理措施有法可依、有章可循、违法必究的精准性、执行力。

（三）提升信用建设规范性、影响力

积极适应新技术、新业态、新模式发展趋势，综合运用技术、经济、法律、道德等多种方式，持续深化网络诚信建设工作实践，加快推进社会信用法治化建设，不断提升个人信用、公共信用体系建设专业化水平。健全完善纠错机制，深入研究并推进信用修复工作，建立健全信用承诺、信用评价、信用分级分类监管、信用激励惩戒、信用修复等制度，定期开展网络诚信等级评价评定，动态发布诚信"光荣榜"、严重失信主体名单，广泛宣传守信互信正面典型，根据失信行为性质和严重程度，采取轻重适度的惩戒措施，推动网络诚信示范典型引领、失信失范惩戒效果达到最大化和最优化。健全市场主体信誉机制，指导协调互联网企业签署诚信承诺书、制定网络自律公约，不断完善信用记录，强化信用约束，建立健全不敢失信、不能失信、不想失信长效机制，助力网络综合治理和社会信用体系建设。

二、强化重点领域治理，持续提高依法打击、遏制严重失信行为的成效

随着网络综合治理体系不断健全，网络诚信成为依法管网、依法治

网的有效补充。聚焦广大人民群众反映强烈的违法违规失信行为，要综合运用法律约束、道德规范、行业自律、技术监管等多种方式，强化源头治理、靶向治理、过程治理，加大对重点领域立法、执法力度，有效遏制违法违规失信行为滋生蔓延，构建固根本、稳预期、利长远失信惩戒机制，切实维护社会公众合法权益。

（一）依法打击严重失信行为

健全打防管控联动机制，依托各类执法合作机制平台，建强用好双边、多边联合行动机制，持续深入开展联合专项行动，重点打击犯罪情节恶劣、社会影响严重、个案损失巨大等违法犯罪行为，推动形成斩断赴外作案通道，捣毁黑灰产窝点，全力缉捕"金主、骨干"的法治威慑力。加大全面依法严打力度，重拳打击链条式、团伙式、机构化违法违规失信主体，形成"打个体、打链条、打团伙"的威慑力，最大限度挤压违法违规失信行为的犯罪空间。加强重点领域专项整治，深化电信网络诈骗防范治理，持续开展通信领域"断卡"专项行动，深入推进金融领域涉诈"资金链"集中治理，依托数字乡村建设等工程，有效解决农村地区基础服务不足、防范意识不足等难题。

（二）深化网络生态综合治理

深入开展互联网领域综合治理行动，依法处置不履行网络安全、网络信息内容管理等法律法规责任与义务的组织或个人，压实压紧网络信息服务提供者责任与义务。聚焦扰乱网络空间正常秩序、严重损害公众利益等突出问题，集中整治违规账号，从根源上堵住非法买卖、出租、出借账户等漏洞，维护社会公众在网络空间的合法权益。提升识别、研判、处置违法违规失信主体及行为的力度和效度，集中整治自媒体、直播、短视频等平台失信行为，依法依规打击网络谣言、虚假信息等违法犯罪活动，精准打击网络水军，有效遏制失信失范现象延伸至网络空间肆意滋生传播。

（三）推动建立联合惩戒机制

建立健全网上网下全方位治理体系，完善失信行为认定法律规则，健全分类分级细化管控措施，及时补齐法规和标准空缺，构建案件移送、执法协助、联合执法机制，提高执法统一性、权威性、协调性。建立健全"事前—事中—事后"联合处置机制，促进内容生产、算法推荐、用户管理、付费服务等网络服务更加规范有序，有效防范利用新技术手段规避监管的失信行为，最大限度、最广范围内保护受害者群体的合法利益。推动落实实名制，进一步加大对物联网卡、短信端口、宽带专线、接入设备等监管治理，强化技术手段判定，及时处置跨平台失信主体，最大限度降低失信行为在线上线下造成的不良影响。

三、优化营商网络环境，持续完善平台经济高质量发展的守信互信基础

网络诚信是规范市场秩序、鼓励良性竞争、完善社会监督、保护经营者和消费者合法权益的内在要求，更是促进平台经济健康发展的重要基础。持续优化营商网络环境是当前网络诚信建设的一项重要任务。

（一）引导平台企业加强自身诚信建设

持续优化营商网络环境，引导平台企业提升诚信营商意识，压紧压

实各类平台企业经营主体法律责任、企业责任和社会责任，树牢合规意识，强化行业自律，督促平台企业履行社会义务，建立自律规范，实现法治效益、社会效益和经济效益相统一。主动适应新形势新要求，充分发挥平台企业自身技术优势、资源优势、数据优势，加强平台企业诚信经营管理机制建设，积极参与网络营商生态圈互信监督，共同营造公平竞争、健康发展的网络环境。激发企业发展活力，适时开展社交平台、电商平台、自媒体平台等网络诚信建设分级分类效果评定评估，进一步健全完善平台企业诚信档案创建等工作，推动法治意识、契约精神、守约观念成为网络市场经济活动的共识，推动平台企业主动积极承担维护信用秩序、维护网络空间秩序、净化市场环境等诚信责任。

（二）建立失信行为跨平台预警通告机制

鼓励平台企业探索建立违法违规失信主体及失信行为数据库，针对失信主体及失信行为具有跨平台流动、反弹、变形升级等特征，加强分析研判客观性、公正性，对失信主体在不同平台注册多个账号、造谣传谣等失信行为开展联合预警通告，提升违法违规失信行为跨平台溯源、跟踪、研判、处置力度，有效解决单一平台在甄别失信主体身份信息、追溯网络痕迹等方面的困难。推动平台企业建立落实"把关人"责任评估评价体系，加强审核、监管等关键岗位人员培训与管理，弥补技术、人员、资源、机制上的短板和漏洞，尤其是具有社交属性、交易属性、内容生产属性的互联网应用及手机互联网应用，从账号注册、认证、运营等多方面加强审核、监管与干预，及时发现处置不实信息，最大限度地压缩为扩大用户规模、增加活动流量等目的给不法分子留下可乘之机的失信空间。

（三）有效维护企业和企业家合法权益

加强政策引导，深入推进《关于优化法治环境 促进民营经济发展壮大的指导意见》落实落细，严厉打击利用互联网、自媒体等渠道，对民营企业和企业家进行诋毁、贬损和丑化等侵权行为，营造有利于社会经济发展的社会舆论环境。加大处置力度，进一步规范网站平台受理处置涉企信息举报工作，重点整治无事实依据凭空抹黑、诋毁企业和企业家形象、声誉，制造传播涉企虚假不实信息、敲诈勒索以牟取非法利益、干扰企业正常生产经营和恶意炒作涉企公开信息等违法违规失信行为。完善防范措施，聚焦网络戾气容易滋生的重点环节板块，充分发挥前置监管、快速处理、事后问责等方面作用，从严打击恶意攻击谩骂、挑起群体对立、宣泄敌对情绪等突出问题，坚决惩治违规账号、群组和网站平台，从源头上减少涉经济、民生、教育等失信行为对社会秩序造成的负面影响。

四、加强创新规范引导，持续促进网络诚信与新技术新应用新业态融合

新技术新应用向前发展一小步，网络诚信建设就要跟进一大步。网络诚信建设要积极适应新技术、新业态、新模式发展趋势，既要加强对新技术的跟踪研究，也要提升新技术应用水平能力，准确把握技术滥用问题对网络诚信建设带来的新挑战，加强数字技术革命带来生产力跃迁的规范引导、风险评估、滥用治理。

（一）加强新技术研发政策引导

遵循技术发展逻辑，正确认识人工智能、云计算、区块链、量子计算等为代表的数字技术全面融入政治、文化、经济、社会建设各领域全方面所带来的发展机遇和风险挑战，充分运用互联网思维和信息化技术，及时出台相应政策文件，健全完善生成式人工智能等新技术发展伦理规范、安全标准体系和诚信治理规则等政策体系，为技术与产业健康有序发展提供更加明确、全面的规则导向。把握技术治理主动权，进一步凝聚多方力量开展前沿性、战略性技术研究与开发应用，深入挖掘研究新技术新应用本身蕴含的治理潜能，提升对新技术发展的驾驭能力，不断强化对前沿技术的风险挑战的防范应对技术储备和政策储备。

（二）加强新技术应用风险评估

激励企业加大创新投入，进一步强化平台企业科技创新主体地位，推动形成打造信息共享、联合辟谣等炒信失信治理平台的合力，加强对潜在风险的评估和监管，共同营造数字经济健康有序发展的网络环境，确保技术的健康发展真正造福人类社会。加强新技术应用评估，健全完善新技术新应用与医疗、教育、金融、教育、民生服务、就业、智能家居等与广大人民群众息息相关领域融合应用的风险防范评估机制，加强对可穿戴设备、生物识别技术等交织交融所收集的呈指数级增长的个人数据隐私性的保护，有效防范各类主体数据窃取、恶意监视、网络暴力等失信行为。

（三）加强新技术滥用监测预警

探索适度范围内信息共享机制，打通数据、信息共享的堵点卡点，扩大权威信息、正确信息、完整信息的传播范围和传播效度，引导各类平台建立失信主体重点账号动态监测、预警处置模型，减少失信行为迅速传播带来的恶劣影响，优化分级分类预警劝阻机制，实现动态分析和管控。探索构建数据采集系统，建好用好全社会监督举报违法违规失信行为平台机制，将已有违法违规失信主体及行为数据纳入样本库，加强对违法违规失信主体及行为全链条信息收集，完善违法违规失信行为的技术认定标准，提升以技术对技术、智能对智能的应用水平，健全完善及时监测预警、精准处置能力，提高新技术条件下网络诚信建设的实效。

五、加强数字素养培育，持续提高社会公众文明上网、诚信用网的水平

网络诚信建设是一项长期性、复杂性、立体化的系统工程，广大网民群体是网络诚信建设的参与者，网络诚信建设成果的受益者，提升社会公众网络诚信素养是推动网络诚信建设高质量发展的重要途径。

（一）深化网络诚信文化传播

进一步增强诚信文化宣传的吸引力，引导主流媒体、商业媒体等主体，以新的理念、新的方式大力宣介社会主义核心价值观，使用接地气、贴民心、有趣味的文字语言、音视频等内容，推动网络诚信文化理念成为广大人民群众"听得懂""喜欢听""记得住""愿意说"的家常话。进一步扩大网络诚信典型宣介的影响力，注重守信互信理念宣传的"诚信价值"，广泛宣传网络诚信正面典型，充分发挥社会道德的引领

作用，培育守法尊德、文明自律、理性监督的网络行为规范，推动广大人民群众共享网络诚信建设成果。进一步推进网络诚信相关普法宣传教育，突出预防为主，推动自媒体、短视频、直播、游戏、社交等平台企业把网络失信风险防范宣传作为一项重要的社会责任，定期发布内容通俗易懂、以案释法、警示防范的宣传内容，提升网民识别、防范风险隐患的意识和能力。

（二）推进全民数字素养提升

全面推进诚信素养教育入校园，依托大中小学思政课一体化建设工作，探索形成在各级各类学校推动培育和践行社会主义核心价值观的长效机制，引导未成年人正确认识网络规则、理性判断网络乱象、合法维护自身权益，鼓励各地各校广泛开展主题班会、党团日活动、社会实践、演讲比赛、征文比赛等各类活动，强化诚信素养培育课程立德树人的作用，帮助广大学生扣好讲诚信、爱诚信的第一粒纽扣。建立健全新就业群体数字技能评估评价体系，持续推进新就业群体网络诚信素养培育，规范新就业群体通过网站、平台等途径求职发展的进出机制，推动道德诚信列入直播平台考核评价指标体系。强化农村地区、边远地区数字人才培养培育，培育壮大具有示范引领作用的农产品直播、乡土风情旅游等乡村数字人才队伍，注重先进典型案例选树宣传、示范引领和辐射作用，提升农村网民群体数字素养与技能。关注特殊群体诚信素养培育。通过网络普法进社区等形式，帮助更多老年人群体、全职家庭主妇等群体树立正确的网络道德观念，践行良好的网络行为规范，加强家庭网络诚信素养教育，筑牢诚信上网、诚信用网的基层底线。

（三）重视网络诚信理论研究

深入开展网信重点课题集智攻关，充分发挥科研院所、高等院校、学术团体、社会组织、行业专家等多方智慧和力量，聚集网络文明建设重大问题、重点任务，加强前沿课题、重点难点、标准规范等理论研究，围绕前沿技术发展应用、违法违规失信问题治理、信用修复机制等重点问题，深化理论研究，形成富有社会效益、实践指导价值的网络诚信研究成果。加快普通高校、职业院校相关学科专业建设，把诚信建设作为提升师生数字素养和数字应用技术能力的重要部分，培育一批适应信息时代要求的专业化、创新型、复合型人才。编制相关标准规范，积极适应新技术、新业态、新模式发展趋势，开展信用体系建设与评价评定，形成一批可推广、可复制的示范应用方案。

六、未来展望

立足网信事业高质量发展新阶段，网络诚信建设具有长期性、艰巨性，需要全社会共同践行、共同维护，广泛凝聚各相关部门，地方各级党委、政府，科研院校，行业组织，企业，网民等社会各界力量，不断健全完善多元主体共建共享的体系机制、丰富政策供给、拓展渠道载体；网络诚信建设具有时代性、复杂性，需要依法治理、道德引领协同并进，不断提升综合运用法律约束、道德规范、行业自律、技术监管等多种方式协同共治的能力水平；网络诚信建设具有创新性、关联性，需要网上网下高效联动、协同发展，不断推动构建科学化、规范化、精准化、高效化的发展格局。推进网络诚信高质量发展，要坚持以习近平新时代中国特色社会主义思想为指引，持续健全法律法规，持续完善体系机制，持续推进专项治理，持续深化诚信宣传，持续丰富技术应用，持续强化舆论导向，推动网络诚信建设在加强和创新互联网内容建设、提高网络综合治理能力、提升全民数字素养与技能、促进网信企业健康发展、深入开展网络普法等网络强国建设实践中发挥着日益重要的作用，为推动我国网信事业高质量发展积极贡献力量。

附录1：2023年网络诚信建设工作案例

案例一：搭建"前防后治"治理矩阵，推进网络空间法治化

北京互联网法院立足司法审判主责主业，建设全国法院首个线上家庭教育指导平台，以"首互未来"品牌为依托，组建成立志愿团，将"法治小种子"播撒到北京16个区的中小学并向全国辐射，筑牢未成年人诚信建设之基。坚持"以裁判树规则、以规则促治理、以治理助发展"，运用"人格权侵害禁令"等司法保护制度，强化平台等关键少数责任承担，压实诚信建设之责。依托新闻发布会、媒体采访报道、研讨会等形式与其他司法机关建立联合防控机制，推动互联网行业规范化建设，织密诚信建设之网。

守护未来法治之光，筑牢诚信建设之基。全国法院办案标兵等先进典型组建成立"首互未来"志愿团，吸纳10余名未成年案件当事人、中小学学生加入"法治小种子"，成为普法宣传员，为视障儿童送上线上普法有声读物，开展助学和普法驿站活动、爱心募捐活动，组织"首互未来"夏令营，邀请大山里的孩子走进北京接受爱国主义教育。北京互联网法院推出"首互未来·e课堂"栏目，通过入校宣讲、线上直播、

视频录制、观摩实训、模拟法庭、法院开放日等形式，向学生、家长、老师、社区等不同人群提供"菜单式"定制化司法服务，扩大网络法治宣传教育覆盖范围。"首互未来"志愿团深入北京16个区的中小学送上网络素养课程，逐步辐射至云南、四川等地区，"首互未来"微课堂、微剧场、微漫画系列普法作品总观看量近300万次，《未成年人网络司法保护白皮书》《"粉丝文化"与青少年网络言论失范问题研究报告》等报道浏览量超1500万次。

图1　北京互联网法院在北京市广渠门中学挂牌全市首个"青少年法制教育基地校"

强化网络空间合法权益保护，压实诚信建设之责。北京互联网法院依法审理"女童绑树视频案""软色情漫画充值案""短视频平台封禁恋童账号案""就医视频侵害未成年人格权案"等典型案例，树立未成年人等特殊受害群体保护的基本规则。对于涉未成年人批量充值打赏案件200余件，依法开展示范性诉讼，高效化解矛盾纠纷，促进未成年人提升诚信用网意识。向各互联网平台发出多份司法建议，推动短视频平台、电子商务平台、社交平台、网络漫画平台改进未成年人保护机制，拟定《网络服务提供者未成年人用户账号管理指引》《网络服务提供者涉侵害未成年人权益投诉处理指引》，为网络平台加强未成年人保护提供指引。

促进社会协同治理，织密诚信建设之网。北京互联网法院召开"涉网络暴力案件""涉未成年人案件"等多场新闻通报会，公开发布18个典型案例，在2024年全国两会期间，与全国两会代表连线共同探讨网络暴力治理问题。与检察机关、行政机关、业务机关推动建立网络违法犯罪线索移送、公益诉讼等对接机制。将案例分析、调研报告等作为首都互联网协会的专业培训素材，为"首都全民数字素养宣讲团"提供内容支持和专业咨询支撑。该院"两微十三端"新媒体矩阵累计推送内容超过200篇，总点击量超过300万次。"软色情漫画充值案"获评人民法院弘扬社会主义核心价值观典型民事案例。"人格权侵害禁令案"被最高人民法院、最高人民检察院、公安部评为"依法惩治网络暴力违法犯罪"典型案件。"'首互未来'育网络素养"项目获2023年度首都未成年人思想道德建设创新案例提名奖、2022年度中国网络治理创新案例、北京互联网法院综合审判三庭（少年法庭）获评2017—2022年"北京市未成年人保护工作先进集体"。

图2 邀请师生走进北京互联网法院开展实训课程强化法治素养

案例二：坚守诚信防线破除网谣，助力建设健康文明网络生态

互联网发展日新月异，信息传播门槛进一步降低，在此背景下，一些谣言信息也开始露头，对网民认知、社会稳定带来冲击，对网络诚信建设产生负面影响，扰乱互联网空间生态。

营造风清气正的网络空间是一项长期性、系统性工作。中国新闻网践行媒体社会责任，开设《中新真探》栏目，通过与官方科学机构合作、查询官方信息、记者原创采访等方式，制作辟谣内容，定期策划、长期更新，以科学严谨的态度破除各类谣言，传递正能量，推动网络文明建设。栏目内多条内容登上新浪微博、百度、腾讯新闻等平台的热搜热榜，栏目微博话题总阅读量已超 1.6 亿次，全网阅读总量超 5 亿次。

图 3　中国新闻网主持《中新真探》微博话题

（一）主要做法

《中新真探》栏目与中科协合作，针对一段时间内引发网民大量、集中转发的谣言信息，联系专家或相关业内人士进行专业领域的辟谣，将科学知识通俗化，让网民直观地理解相关原理进而破除谣言。如"吃避孕药能治疗痘痘"的说法，《中新真探》迅速与中科协沟通选题，推出内容《长期吃避孕药能治疗痘痘吗》，通过各平台进行辟谣，解疑释惑。《中新真探》栏目开设以来，定期推出生活类谣言辟谣内容，帮助广大网民获得更多科学认知。

图4　《中新真探》部分生活类辟谣海报

查询权威信息，辟谣社会不实、有害传言。《中新真探》栏目持续关注一些网络传言，并进行求证，如果发现相关内容不实便会立即跟进传播真相。例如，教育部公示义务教育教学改革实验区和实验校名单，江苏苏州市吴江区和南京市玄武区两个地区入选，随后有不实信息称两个区基础教育从12年改成9年，栏目注意到无官方公布此内容后，查阅当地正规媒体，求证后发布辟谣信息《官方辟谣江苏两区基础教育缩至9年》，该信息一经发布便引发当地网友关注，登上当地同城热搜，让更多当地人得知真相。再如，哈尔滨旅游爆火后，忙碌起来的除了当地商家，还有想从此热潮中分一杯"流量羹"的"自媒体"，有的"自媒体"借哈尔滨的热度，制造哈市"搓澡大姨"人手严重不足，于是"紧急从沈阳调来1000名搓澡大姨支援哈尔滨"的虚假传言。栏目观察到相关内容后，检索到了当地官方的辟谣消息，遂立即整理发布《沈阳1000名搓澡大姨支援哈尔滨为不实》，此话题发布后登上微博主榜热搜，阅读量超4000万次，有效提升辟谣效果。

通过原创内容跟进、输出，打击各领域不实传言。2023年底，《中新真探》栏目注意到相关电商平台有商家擅自使用钟南山、李兰娟等专家肖像宣传产品的不诚信经营行为，前述专家被商家造谣为膏药代言。栏目在对事件进行辟谣后，跟进发布原创内容《该管管电商平台被代言乱象了》，对相关商家"强行让专家代言"的不诚信行为进行抨击，并提出解决方案。除文字原创产品之外，栏目还积极探索脱口秀、短视频等受网民欢迎的传播形式。2023年8月，有人借日本核污染水排海，编造海盐有害论并煽动群众抢盐，《中新真探》栏目及时推出原创脱口秀评论产品《冷静！上次抢的盐还没吃完》，内容表达形式生动活泼，受到网民好评。视频发布后登榜热搜，仅微博单一平台话题阅读量就超3000万次，对稳定大众情绪和社会正常秩序起到重要作用。

（二）取得的成效

在面对不利于互联网生态建设的网络谣言时，《中新真探》栏目充分发挥专业优势和公信力，通过广泛的传播渠道和影响力，发挥舆论监督作用。栏目报道的大多数辟谣内容引起社会广泛关注和讨论，采取积极措施应对谣言问题，对维护网络空间的真实和稳定、推动社会诚信建设具有重要、积极的实践意义。

案例三：消费维权有难题，技术手段破困局

中国消费者协会立足自身工作，从投诉受理、消费监督、消费教育等角度，推进"全国消协智慧315"平台、"企业服务联系方式查验宝"、"中消协帮您查"及中消协数字消费教育课堂等线上平台建设，采用信息化手段，畅通消费者权益保障通道。

（一）"企业服务联系方式查验宝" 及 "中消协帮您查"

图5 "企业服务联系方式查验宝"网页

为更好保护消费者合法权益，提升网络诚信建设，监督和规范售后服务市场，中国消费者协会立足社会共治，充分整合各方力量，推进"企业服务联系方式查验宝"（以下简称"查验宝"）及"中消协帮您查"平台建设。

2017年，中国消费者协会开通"售后服务电话查验宝"查询系统，

并上线家电产品品牌的售后联系方式；2019 年，名表维修板块上线；2023 年 3 月 24 日，中国消费者协会在"查验宝"中新增家装板块相关内容。2023 年 6 月 12 日，中国消费者协会"企业售后服务电话查验宝"升级更名为"企业服务联系方式查验宝"（简称仍为"查验宝"）并同步上线基于"查验宝"平台开发的"中消协帮您查"公益服务小程序。现在，消费者可直接通过"查验宝"小程序，输入相关品牌商或经销商、维修商名称后搜索到相关店铺信息，从而避免被山寨维修所欺骗。

　　"查验宝"及"中消协帮您查"公益服务小程序上线后，截至 2023 年 6 月，已涵盖家装、钟表、家电三个领域，累计收录 88 家市场占有率高、产品覆盖面广的国内主流家电产品企业；67 个国内外主流手表品牌，1297 家手表品牌商、经销商、维修商；32 家建筑装饰家装行业企业和 646 个门店的企业。服务范围从售后，已逐渐向售前、售中拓展，覆盖消费行为的全链条。

（二）中消协数字消费教育课堂

图 6 　"数字消费教育课堂"相关报道

开展消费教育是《中华人民共和国消费者权益保护法》赋予消协组织的首项法定职责。数字消费作为一种新的消费方式逐渐走进人们的日常生活中，在方便人们生活、带给人们更好消费体验的同时，也给消费者带来一些困扰。因此，适应时代要求和消费者需求开展数字消费教育，是加强新时代消费者权益保护工作的迫切需要。

2023年11月28日，由中国消费者协会和深圳市消费者委员会主办、由腾讯公司具体承办的"中国消费者协会数字消费教育课堂"在深圳正式揭牌。"数字消费教育课堂"是在中消协已有的"3C家电网上消费教育课堂"和"人民消费网上消费教育课堂"基础上，建立的第三个网上消费教育课堂。

"数字消费教育课堂"开设消费避坑、消费指南板块，帮助消费者及时防范消费风险、警惕消费陷阱，引导消费者科学、理性消费；在法律法规政策观点板块，提供与消费者权益保护关系密切的法律、法规和强制性国家标准，便于消费者查找、使用，同时发布消费警示提示信息；在权威答疑板块，由专家及时向消费者提供科学、专业的解答，提供科学消费建议、反诈实用妙招等讯息。自2023年11月上线以来，消费教育课堂访问量已达30万人次。

案例四：信用评价＋智治监管，擦亮衢州"衢网有礼"品牌

近年来，衢州市委网信办全力开展全省网络信用体系建设试点工作，创新"网络信用监管智治应用"，持续擦亮"衢网有礼"品牌。该应用先后获得"全省网络文明创新典型案例""全国网络信用优秀案例"

等荣誉。系统聚焦破解网络平台主体底数不清、重点不明、预警不灵，网络主体诚信经营、文明办网意识不足，行业自律程度不高、网络执法手段不多、柔性管理欠缺、低俗炒作频发，对网络谣言发布者处置困难等问题。推动互联网信息服务主体信用承诺、监测分析、信用评价、监督管理和信用激励，鼓励和引导互联网信息主体合法守信运营，协调相关涉网管理部门、网络社会组织和网民参与网络信用管理和网络生态治理，形成了网络信用体系建设的衢州方案、衢州样本和衢州经验。

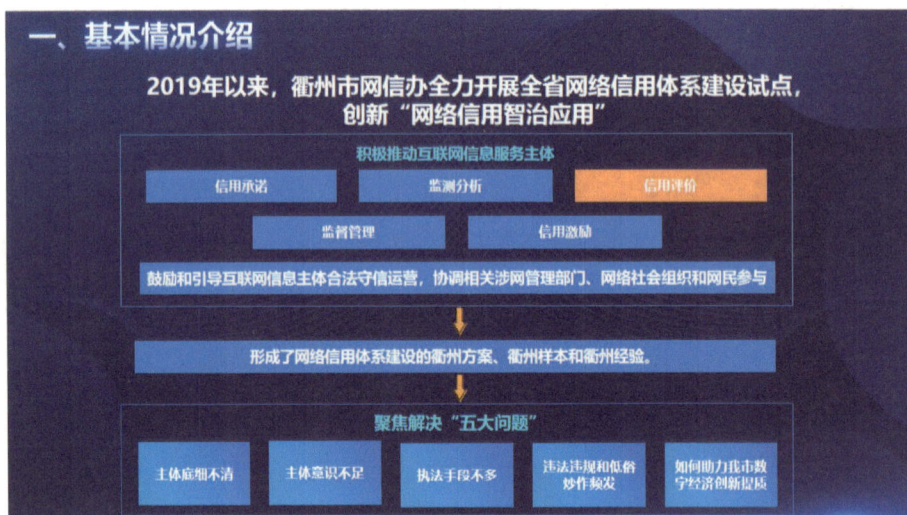

图 7　网络信用智治应用

（一）探索地方网络信用管理规范

一是出台网络信用管理地方标准。2020 年，出台《衢州市互联网信息服务主体信用评价管理办法》，明确网络信用的适用主体、等级认定、监督管理、等级修复、异议信息处理、守信激励和失信惩戒等，建立适用于地方网信部门的网络信用管理标准。2021 年，作为唯一地方网信部门参与中国网络社会组织联合会《网络直播主体信用评价指标体系》的研究和出台。

二是明确信用评价管理对象。立足网络内容生态治理职能，将网络信用管理对象确定为从事互联网信息服务主体、平台账号、网站等，将属地所有具有新闻属性和舆论动员功能的网络主体及其有关从业人员纳入监管范围。引导各主体签订《网络信息服务信用承诺书》，要求从业人员承诺遵循互联网管理法律法规，履行网络内容和网络安全主体责任。

三是界定守信失信规则。严格按照《中华人民共和国网络安全法》《互联网信息服务管理办法》《互联网新闻信息服务管理规定》《网络信息内容生态治理规定》《关于加强"自媒体"管理的通知》等法律法规和政策要求，开展守信失信认定，全面落实依法管网、依法办网、依法上网原则。

（二）建立网络信用数据流通体系

一是打造一体化管理平台。建设衢州市互联网信息服务主体信用管理系统，依托大数据提取、网络抓取、人工比对、定向采集、逆向分析等技术，对党政机关、新闻媒体、企业、社会组织、个人等五大类互联网信息服务主体信息开展采集。共归集主体信息2714条，其中微信公众号1122个，微博账号590个，今日头条号87个，互联网站915个，抖音头部账号1220个，快手账号40个。

二是建构信用评级模型。制定互联网信息服务主体信用评级与认定模型，模型共分A、B、C、D、E五个等级，评分总分1000分。通过大数据分析和动态监测，实现网络信用自动打分、智能排名、信用榜单等功能，对互联网信息服务主体进行评级，并形成相应信用档案，为信用激励和失信惩戒等提供数据支持。

三是构建网络信用协同应用机制。将网络信用评级结果推送至衢州市信用信息共享平台，信用档案可供相关单位和个人查阅、使用。根据《衢州市政务新媒体管理办法》和信用评价体系，对全市政务新媒体进行统一规范，建立政务新媒体设立备案机制。

（三）丰富网络信用应用场景

一是迭代信用管理体系。将网络信用评价作为机构监管、内容监管、行为监管、行业监管、穿透式管理的工具箱。通过制定个人"信安分"评价体系，开展失信预警和守信激励，实现评价体系与网络信用管理体系动态关联。持续拓展信用评价体系深度，围绕属地重点企业需要，形成企业网络营商环境指数，内容涵盖企业网络形象评估分析、企业网络舆情风险预判、企业网络形象提升和网络舆情应对建议等。

二是建立"四省边际一家亲"跨区域信用协作机制。横向上，建立覆盖衢州、黄山、上饶、南平的"衢网有礼·四省边际新媒体'活力指数'榜单"体系，构建四省边际网络信用榜单。纵向建立衢州市新媒体"活力指数"榜单，将党政机关、新闻媒体、社会自媒体等三类主体纳入测评，已发布党政机关TOP20、新闻媒体TOP20、社会自媒体TOP20榜单42期，引导各类主体发挥正面舆论引导作用。

三是进一步拓展信用应用场景。探索网络信用跨城市、跨行业、跨层级的运用、互认机制，实现网络信用评价结果在文化、旅游、生活消费、碳账户、医疗、金融等领域的结合运用。比如，结合"信安分"应用探索网络信用激励应用场景，推广收费停车场九折优惠，免押金办理公交卡、图书卡等普惠型优惠，加大免费停车、住院免押金、先出院再缴费、无担保信用贷款等特惠型激励措施。与衢州市营商办共同开展"信用＋电商直播"试点建设工作。实施网络文明"星主播"培育工程，将热门网络主播纳入信用评价体系，优先推荐网信项目合作、多部门联合奖励等措施。

图8　网店操作专项职业能力培训开班典礼

案例五：网络诚信进校园，护航青春共成长

2023年，在深圳市委网信办指导下，深圳市互联网行业联合会在广东深圳、新疆喀什（深圳对口援疆地）等地中小学校创新开展网络诚信教育进课堂、网络诚信校园调查、青少年网络素养提升等系列活动，实现网络诚信教育进校园线上线下全覆盖，有效提升了深喀两地青少年网络文明素养，诚信之花结出丰硕成果。主要做法：

（一）调研先行，摸清青少年网络诚信行为底数

联合中国科学院深圳先进技术研究院在深喀两地中小学广泛开展深圳青少年网络诚信素养调研，重点掌握青少年网络文明、网络安全防护等情况，采集样本覆盖小学四年级至高中三年级各个学段，共回收有效问卷 78556 份，形成《青少年数字素养现状调研报告》，为精准抓好青少年网络诚信教育夯实基础。调查显示，在面对网络不法行为或低俗信息时，82.39％的青少年会选择直接关闭、不予理睬，48.75％的青少年会选择向网站或相关部门投诉举报。因此，虽然很多中小学生对网络不法行为表现出强烈反对，但是调查结果也暴露出当前网络欺诈、网络低俗信息等内容对青少年影响与日俱增，青少年的网络诚信和安全意识仍需要进一步提升。

（二）有的放矢，开发青少年网络诚信提升课程

聚焦当前青少年网络诚信及安全等素养现状，进一步深化始于2021年的"博士课堂·同一堂课"项目，在广泛征集近 7.8 万中小学师生与家长意见建议基础上，依托中国科学院深圳先进技术研究院专家资源，组织相关领域教授、博士及青年创业者等专家，结合当前实际，精准开发《用推荐算法看破"精准诈骗"》《当 AI 拥有了我的脸和声音，"我"会……》《警惕"虚拟世界"中不良信息的"隐形变异"》《数字时代，学会在社交媒体上正确表达》等六大板块 21 节数字素养公益课程及 22 部动画短视频。

图9　2023年"博士课堂·同一堂课"活动

（三）久久为功，打造线上线下"送课进校"常态机制

结合深圳市网络安全宣传周开展校园日活动，在深喀两地广泛开展"博士课堂·同一堂课"线下互动课，先后在中科先进院实验学校、深圳实验学校等十余所深圳中小学校，以及喀什第十八小学、第三中学等三所新疆喀什中小学校，组织开展科普课堂、专家面对面等活动，为广大中小学师生科普网络安全知识，培养绿色上网、文明上网意识，筑牢网络安全防线。在深圳教育云资源平台、深圳市共青团视频号"青春深圳"等平台上线青少年网络诚信提升系列课程，打造"永不下课的网络诚信教育课堂"，仅深圳教育云资源平台"青少年网络素养微课"专栏访问量就超过20万次，实现青少年网络诚信教育常态长效、触手可及。

图10　学生观看"青少年网络素养微课"

案例六：网络诚信助力水晶品牌转型升级

东海县为促进水晶产业的持续健康发展，精心种好水晶"责任田"，坚决守住诚信"主阵地"，创新跨境电商综合服务平台，搭建水晶城信用监管评价体系，打造网络诚信宣传"新阵地"，营造诚信经营、放心消费的市场环境。先后获评"第一批国家级知识产权保护规范化市场""全国诚信示范市场""江苏省转型升级示范市场""国家电子商务示范基地"等荣誉称号。

创新服务平台，释放创新发展之力。针对水晶跨境电商在收结汇、跨境报关、出口退税等方面的难点问题，通过整合工商、税务、银行、电商平台、供应链、跨境物流等资源，打造"晶贸通"外贸综合数字化服务平台。2023年5月建成外贸综合服务大厅，8月"晶贸通"外贸综合数字化服务平台小程序上线，11月"东海水晶跨境电商一件事"正式上线，与行政审批大厅实现联网，目前正在着力开发"晶贸通"软件程序，届时将实现线上线下同步运行，通过互联网技术实现跨境商家线上线下一站式办理工商信息登记、报关报检、跨境物流、出口退税、外汇结算、供应链金融等业务。平台的建设将实现东海水晶合规出口、合法运营、安全结汇，每年留存外贸出口数据超1亿美元。同时通过党建引领、龙头带动、集群发展，整合全县水晶产业上下游链条，有力促进产业联动、企业互动、创新推动，为产业发展聚力、为企业发展赋能。

搭建监管体系，筑牢诚信网络之基。根据水晶城实际，先后制定出台了《中国东海水晶城经营户信用评价实施办法》《水晶城信用监管评价标准及评分细则》《水晶城经营户信用评价结果反馈和公示制度》《水晶城"星级诚信商户"评选管理办法》《水晶城诚信经营积分管理规定》等系列规章制度。研发中国东海水晶城信用监管评价系统，通过该系统，可与商户、顾客进行信息互动，及时调整商户的信用分值，实现商户信用监管评价动态管理。同时，研发出商户日常巡检App，及时掌握商户的信息，实行动态管理。积极开展各类诚信创建活动，组织商户参与各类培训班。截至目前，11家全国文明诚信经营户、142家江苏省放心消费示范店、42家商户获评江苏省"正版正货"承诺企业、4个商标获评江苏省消费者喜爱的十大水晶品牌、89家江苏省诚信经营示范店。

图 11 中国东海水晶城市场信用监管评价系统

强化宣传阵地，构建网络诚信之魂。在东海水晶跨境电商交易中心打造"法治护航 e 起晶彩"电商主题沙龙区，定期组织开展主题沙龙活动，为来自全县各地的直播电商团队、个人视频创作者等宣讲《网络安全法》及涉及网络直播方面的法律法规内容，通过典型案例分析，开展防范电信网络诈骗知识宣传，对从业人员关心的网上经营资质、网上亮证亮照、广告和直播用语规范、从事网络营销活动可能遇到的法律风险等问题，开展交流研讨。2023 年以来，举办各类培训交流活动 30 余场次，1000 余人次受训。通过举办各类活动，引导水晶行业从业者们珍惜网络空间，诚信经营，规范网络行为，避免虚假夸大宣传、发表传播不当言论，营造清朗网络空间。

增强运营管理能力。在水晶城管理人员工作职责、水晶工艺品分类、水晶人才等级评定、商户入驻流程、信用评级、积分管理等方面制定水晶城管理制度 10 余项，先后在公司网站开设"诚信体系建设"专栏，公布"诚信商户"红黑榜名单，组织商户参加"正版正货承诺企业"等各类评选活动。同时，建立企业与商铺加强自律、诚实守信的长效工作机制，为维护水晶市场健康发展提供强有力的机制支撑，进一步提高水晶城规范化、标准化管理水平。

提升产业服务能力。通过与淘宝、快手、抖音等官方机构合作，设立了直播基地，为超过 5000 家的电商商家提供专业的直播服务。此外，成立东海首家跨境电商直播超市——东海水晶跨境电商交易中心，举办了 100 余场培训活动，成功孵化和培育 1600 多名主播，带动 3 万余人的就业。

图 12　跨境电商交易中心

图 13　跨境电商直播超市

优化电商出境服务能力。为了更好地服务于水晶产业的对外贸易，水晶城充分利用晶贸通外贸综合数字化服务平台。该平台与建设银行、中国银行、工商银行和农业银行等 4 家银行紧密合作，为 1300 余家商户提供安全高效的收结汇服务，累计结汇金额超过 1 亿美元。这一举措不仅提升商户的资金流转效率，也为东海水晶外贸数据的留存提供有力保障。通过数字化服务平台的建立，进一步推动水晶产业的国际化发展，为东海水晶走向世界奠定坚实的基础。

案例七：铸就主播培育合规体系，扣好企业发展"第一粒纽扣"

无忧传媒推出"主播第一课"项目，构建全面的主播精英培育体系，通过积极弘扬正向价值，为构筑清朗健康的网络直播空间贡献企业力量。

（一）主要做法

1. 构筑思想精神新高地

为引领主播们深入学习习近平新时代中国特色社会主义思想，无忧传媒党支部牵头举办主题培训，组织员工、主播以强化政治理论学习作为"主播第一课"主题，通过实地寻访嘉兴革命纪念馆等红色教育基地，深刻领悟党的光辉历程和伟大建党精神，坚定理想信念。

2. 树立行业的道德标杆

积极打造"酷学院"公众号，作为无忧传媒线上学习平台，其为主播提供最新的网络行业资讯和行业自律相关资料及政策导向信息；特邀主管部门以及行业专家学者定期开展员工、主播培训，讲授《网络主播行为规范》《反诈公益直播间》等课程；不断完善奖惩制度，约束主播、经纪人行为，提升主播、经纪人从业人员素质。全面助力主播明确职业规范，提高职业素养，引导主播遵守平台规范。

3.担当社会责任新重担

无忧传媒通过实施"直播助农"、"梦想小屋"改造计划、"蒲公英"计划、乡村直播电商人才培训，引导主播积极履行社会责任。2023年，累计开展新农人培训30余场，培训人数2000余人，打造了一支高水平农民"网红"队伍，输送了一批专家型、技术型"新农人"主播，为乡村振兴注入新活力。无忧传媒持续深化"益行无忧"公益品牌，带领主播达人通过公益直播、短视频内容创作、线下公益发起等形式，用实际行动在扶危助困、教育助学、乡村振兴等领域发挥无忧力量。2023年，共有近百位无忧主播达人参加了100余场公益活动，直播观看总数达500多万人次。无忧传媒联动中国乡村发展基金会、字节跳动公益平台参与社会公益，在"DOU爱公益日"常态化开展公益直播；党支部联合各部门平台，参与关爱乡村留守儿童、应急救援、反诈宣传、开心做好事等社会公益；联合打造"无忧人生、'救'在身边"应急救援推广活动；发挥"网红"达人群体的影响力，通过拍摄短视频、宣传片等形式，开展"亚运探馆""寻美杭州打卡"，助力营造"迎亚运"浓厚氛围。

图 14　"蒲公英"计划乡村直播电商实战培训

4. 打造主播发展新摇篮

无忧传媒坚持"党建＋发展"深度融合，实施导师帮带制，以传帮带的形式，开设艺能培训班，为主播提供党建主题教育和专业课程线下指导，并结合主播的内容特点进一步提升内容质量。通过"云上共富"赋能行动，让无忧新媒体力量扎根乡村，切实把主播达人的影响力赋予到乡村振兴、共同富裕、城市宣传上去。

图 15　"主播第一课"培训现场

（二）实施成效

截至目前，"主播第一课"已覆盖新进主播、各领域网络主播代表以及企业关键岗位管理人员，累计培训人员超过 500 人，其中包括 50 多位拥有超百万粉丝的头部主播。通过政治理论、职业道德和社会责任培训，显著提升了主播的政治素养、职业素养和使命感，为网络直播行业的规范化、专业化发展奠定了坚实基础，也为行业的长远健康发展注入了强大动力。

案例八：把社会组织责任变为千百万人的共同行动

广东省网络空间安全协会（以下简称"协会"）积极履行社会责任，重视网络诚信建设，热心公益事业，把网络诚信建设融入拓展新时代文明实践建设的重要行动，在助力网络诚信建设和网络强国建设中进行了诸多努力和探索。

（一）让志愿服务充满烟火气，推动网络诚信宣传向下扎根、影响社会

协会立足广东本土，梳理省内网络安全志愿服务工作，推动全国网安联志愿服务发展。以协会培养和发展网络空间安全公益讲师为例，协会把组建公益讲师团队当作重点任务来抓，积极推动网络普法志愿服务工作，鼓励各行各业人员积极参与，协会提供免费系列培训。组织已经认证的网络空间安全公益讲师走进校园、社区、乡村等基层单位，举行网络普法宣讲活动，进一步做好网络安全领域的普法工作，推动网络诚信宣传向下扎根、向前发展。

图 16　广州网络空间安全协会组织的志愿服务活动

（二）让网上群众路线充满正能量，带动数万网民关注诚信、热情奔赴

网民网络安全感满意度调查活动特别设置网络诚信建设专题调查，协会组织志愿者们走进企业、校园、社区、乡村等场所，通过宣讲、宣传、亲子活动等方式进行网络诚信建设专题调查，让大家知道网民是网络诚信建设的主人翁和主力军。

图 17　广东省网络空间安全协会组织的志愿服务活动

（三）让社会组织活动充满凝聚力，携手各方共同推进、扩大覆盖

举办网络诚信相关活动 34 场，覆盖多个领域，有效促进网络诚信的普及和提升，特别创新策划《网络安全防诈宝典》系列宣传，用大家喜闻乐见的条漫形式，用真实发生的事件作为宣传案例，让广大网民更容易识别网络诈骗，知道网络谣言危害，等等。策划"英雄花开英雄城"天河区新时代文明实践中心电影展映系列活动等，对青少年树立社

会主义核心价值观进行潜移默化的教育与激励，激发青少年的奋斗精神和社会责任感。

自 2023 年 3 月以来，协会目前已经建立 202 支志愿服务队、128 个服务站，汇聚 26268 名志愿者；开展网络空间安全公益讲师认证，截至 2024 年 3 月，103 位讲师通过认证，其中高级讲师占比 56.31%；制作公益讲师视频 11 个，组织公益宣讲活动 16 场。

协会网安联小程序平台上线 113 个网络安全的教育视频，吸引众多志愿者和社会团体参与。截至目前，协会下属网络安全志愿服务队 95 支，共 2235 名志愿者，服务时数共 3 万多小时，开展活动 300 场。平台上不仅汇聚专注于网络安全的社会团体、专家和个人，而且还促进成员间的网络诚信知识分享、互助学习和资源共享，真正地把网络诚信宣传与建设落在实处。

案例九：加强反诈宣传，提升社会诚信守法意识

面对近年来日益严峻的网络诈骗威胁，人民法院新闻传媒总社网络平台发挥互联网舆论宣传阵地作用，持续推出一系列深入浅出、精准有效的反诈报道，以案说法，普及防骗知识，切实增强人民群众的防诈意识和识骗能力，为构建社会信用体系提供坚实的舆论支撑，为诚信文化建设和信用宣传工作的深入开展奠定坚实的基础。

首先，生产特色鲜明、易于传播。人民法院新闻传媒总社中国法院网（以下简称中国法院网）推出包括文字、图解、短视频等多种报道形式的反诈新闻产品，如：推出《〈全民反诈在行动〉这部守护我们"钱袋子"的法律，你读懂了吗》图解，解读专门针对电信网络诈骗行为而

设立的"小切口"法律《中华人民共和国反电信网络诈骗法》，图解聚焦该法的重点和亮点，在问题设置上更贴近人们生活，以网友最关注的问题为切入点，拟定了8个问题，将法条根据问题重新排序，在确保普法效果的同时力求将法条原汁原味地呈现给读者。该图解页面设计简洁大方，背景颜色以蓝色为主，更加突出反诈主题。

其次，立足行业特色融法于"景"。人民法院新闻传媒总社联合最高人民法院刑三庭、刑五庭推出《反诈反赌人民法院在行动》专题视频栏目，自主策划制作10期短视频，每期时长4—5分钟，视频内容主要包括案情介绍、法官说法等环节，对于个别不宜宣传的内容、画面，通过情景剧、MG动画来呈现，重点揭示电信网络诈骗犯罪和赌博犯罪对社会和家庭造成的严重危害，宣传人民法院依法惩处此类犯罪的坚强决心和工作举措。微博话题《反诈反赌人民法院在行动》阅读量1983万次，互动量17.8万次，10期短视频全网播放量超过630万次。

图18 《反诈反赌人民法院在行动》视频截图

再次，强化报道厚度和锐度，打造网络普法阵地。集纳多种新闻表现形式和手段，中国法院网推出《全民反诈在行动》"打击治理电信网络诈骗犯罪集中宣传月"新闻专题，专题立足法院工作，突出融媒特色，着重对电信网络诈骗高发类案进行宣传释法，从法院审判案件的角度深刻揭露诈骗犯罪分子的套路和严重危害。专题上线后取得了良好反响。

图 19 《全民反诈在行动》新闻专题截图

最后，拓展传播渠道，实现传播效果最大化。人民法院新闻传媒总社根据不同平台的属性、不同受众，投放新闻产品，实现传播效果最大化。比如在抖音、快手平台发布《直播间邂逅真爱？小心落入"甜蜜陷阱"》等反诈短视频；在今日头条、大鱼号、百家号、企鹅号等发布《〈全民反诈在行动〉这部守护我们"钱袋子"的法律，你读懂了吗》图解，取得良好的传播效果。

人民法院新闻传媒总社反诈系列新闻作品关注热点、服务百姓，传递正能量、履行媒体社会责任，大力推进网络诚信建设，维护消费者合法权益，引起广泛反响，相关新闻产品总阅读量、播放量近 3300 万次，为全民参与防范电信网络诈骗犯罪、提升诚信守法意识营造浓厚的舆论氛围。

案例十：构建"3+N"网络监管体系，助推食品安全样板街建设

南部县市场监管局紧扣职能职责，紧盯食品安全风险，以食品安全监管科学化、法治化、效能化为目标，努力探索餐饮食品现代化监管模式，依托南充市局"一键溯"智慧监管平台，充分发挥干部职工专业才智和实践经验，补充研发监管系统，逐步建成食品安全样板街"3+N"网络监管体系，加强对餐饮食品全生命周期管理，助力食品安全样板街建设，保障人民群众"舌尖上的安全"。

"3+N"网络体系，即食品安全样板街内的所有餐饮商家接入"一键溯"智慧监管平台、"扫码看后厨"二维码、废弃油脂闭环管理系统3个网络端，形成由市场监管部门、企业、消费者多方参与的共治共享智慧化监管网络。

所有食品安全样板街内餐饮商家的后厨接入"一键溯"智慧监管平台监控终端。平台利用标准的软件开发、规范的数据治理、AI智能识别技术、大数据应用、定制化的预警分析等建模技术，通过实时监控、智能分析、GIS（地理信息系统）技术、动态预警等功能，达到物感预警、操作预警、违法预警、应急预警目的，通过物感预警、操作预警，对后厨人员着装是否规范、是否有鼠患异物、是否存在不洁行为等实施即时监控预警；通过违法预警，重点监控企业信用风险、异常经营、抽检不合格、特种设备超期未检、许可证超期、证书超期、违法案件查处；通过应急预警，对燃气泄漏、火灾实时监控预警。当预警被触发后，便形成工单，推送到辖区市场监管部门，实现快速处理并反馈销号，从而对

餐饮商家的后厨实现了全方位的网络监管。

（一）掌上交易——"废弃油脂闭环管理系统"为餐饮食品安全穿上"防护服"

餐饮行业是废弃油脂产生的主要行业之一，受利益驱使，餐厨废油极易被不法商贩加工为食用油重新回到餐桌。该局立足基层监管实际，以信息技术为支撑，针对废弃油脂监管首次开发了新系统——废弃油脂闭环管理系统。废弃油脂回收公司工作人员通过微信小程序进入系统，在工作页面录入数据后提交完成，操作简单易懂。该系统主要由回收销售记录、单位信息、监测预警三大模块组成。回收销售记录模块分为回收记录和销售记录两个部分，其中回收记录是指回收公司在每家餐饮单位回收的单笔记录，由回收公司工作人员实时录入，并结合在线实时时间、自动定位、过秤照片、买卖双方签字，确保数据真实性。销售记录是指各回收公司集中将废弃油脂销售给油脂处理厂的记录单，需注明油脂处理厂的资质证明，记录销售废油油脂数量和销售时间。执法人员可通过回收—销售数据，核对废弃油脂处理是否闭环，确保废弃油脂监管链数据完整。单位信息分为餐饮单位信息、回收单位信息、收购单位信息三个部分，主要记录各单位证照信息、相关资质、联系方式等信息。餐饮单位信息模块里，每家餐饮单位可独立生成废弃油脂回收公示牌，张贴于餐饮商家经营场所中，消费者可通过扫描店内废弃油脂回收公示牌中的二维码，查看该店的回收油数据，保证信息高度透明。监测预警分为回收检测、回收明细、销售监测三个部分，系统自动保存近两年的废弃油脂回收、销售数据，根据数据分析设定销售波动阈值，实现数据波动异常预警，监管人员可对记录数据进行环比、同比分析，并配合"一键溯"监控记录、进货台账、销售资金等数据，倒查餐饮服务单位经营状况是否匹配回收油销售月总量，有效防止废弃油脂回流、乱排、私卖等乱象，实现了对废弃油脂的全链条闭环监管。

图 20　废弃油脂回收系统

（二）码上查验——"扫码看后厨"为餐饮食品安全装上"透视眼"

餐饮商家在接入"一键溯"平台后，平台会自动生成该商家后厨实时监控二维码，市场监管部门将该二维码公示在监管信息栏上，消费者通过手机微信扫码，就能实时查看就餐商家的后厨操作情况，使商家后厨变前厨、暗厨变明厨，真正实现线上线下透明放心的可视化用餐模式，不断提升餐饮企业食品安全管理水平，从而让消费者吃得放心、消费舒心。

通过"3+N"网络监管体系建设，做到了餐饮食品安全监管数据网上流转，风险隐患监测网上预警，经营行为网上录入，消费者查询网上点击，实现了"市场监管部门＋企业＋消费者＋互联网"的食品安全社会共治。目前，该局已建成食品安全样板街样3.3公里，共计95家样板餐饮店，真正将餐饮食品安全"亮"出来，全面提升了餐饮企业食品安全管理水平，有效保障消费者用餐食品安全。

案例十一：以网治网、以技反技，数智反诈平台助力构建全民反诈新格局

绍兴公安紧扣数字化时代脉搏，坚持"专业＋机制＋大数据"理念，坚持问题导向、目标导向，打造"枫桥式"全民反诈数智应用平台，着力构建群防群治、以网治网、上下贯通、一体打防的全社会反诈格局，以此提升电信网络诈骗精准打防能力。今年以来，全市电信网络

诈骗警情、案损分别同比下降 15.83%、13.52%，案件高发态势得到有效遏制。

一是强化技术反制，打造诚信防范新模式。坚持"以网治网"，建立以年轻民警为主的技术反制研究团队，线上反制、线下预警同步推进，常态开展犯罪手段研究和反制模型开发，建设完善微访问新域名等 7 个技术反制模型，实现对网络犯罪技术防控。其中，"微访问新域名"技术反制模型获全国刑侦情报数据建模大赛、工信部信息通信行业防范治理电信网络诈骗创新技术应用大赛两个一等奖，针对冒充京东白条客服诈骗的"192 反制模型"在全国推广应用。今年以来，挖掘潜在受害人 316.03 万余人次。组建市、县、所三级专业预警劝阻队伍，建立行业部门、乡镇（街道）协同劝阻工作机制，落实高中低风险预警信息分级分类处置，其中落地见面劝阻 29.51 万余人次，劝阻拦截资金 1.1 亿余元。依托"三云融合"技术，开发潜在受害人落脚点精准分析模型，整合多维数据资源，对潜在受害人多维度位置、管辖派出所、主要关系人等信息在预警界面一屏展示，解决基层预警劝阻队员研判支撑需求，提升预警信息落地准确性和及时性。公安、银行、通信运营商等选派年轻骨干携最高权限入驻市反诈中心，对全市电诈警情实行统一接警、统一处置，今年以来已冻结涉案银行账户 4.03 万余个、6.29 亿余元。

二是设立反诈指数，打造诚信体系新机制。依托政务网建设"反诈指数"模块，以市区县街道乡镇的党委、政府，机关部门，重点行业（通信运营商、银行机构），重点单位（高校、医院、中小学）4 个层面 8 个序列，围绕发案、宣防、打击、治理、督导 5 个方面 57 个维度设定反诈指数计算细则。建立 42 条 168 项部门任务清单，同步通过全民反诈平台进行任务发布、结果反馈，工作任务项目化、平台化管理，实现进度公开晾晒、成效科学评估。建立红色挂牌、橙色警告、黄色提醒等分级警示措施，有效压实属地、部门、行业和单位的责任。截至目前，平台已搭建市县镇村四级反诈体系架构组织 4238 个，累计发布工作任务 178 篇，各级反馈任务指令 1806 条。优化完善绍兴市全民反诈体系运行工作规范，市县镇村四级反诈诚信体系建设实现体制保障、机制保障。

三是开发防骗小程序，打造诚信宣传新家园。坚持防骗阵地跟着诈骗渠道走，依托互联网开发"枫桥式全民反诈"微信小程序应用，分类设置群众和卫士两类角色，群众端设置防骗测试、学习交流、学习积分兑换、涉诈线索核验举报等功能，提升群众主动参与的热情和黏度。卫士端面向民警、辅警、网格员以及部门单位管理人员开放权限，重点关联预警信息处置工作，预警风险信息直接关联推送至潜在受害人关联卫士，实现协同落地处置。截至目前，"全民反诈"小程序已有注册用户 282.62 万余人，日活跃用户数量 1.2 万余人次，通过小程序发布预警宣传文章、短视频 1178 篇（个），累计阅读量达到 1033 万余人次，协同处置预警信息 7.8 万余人次。"全民反诈"小程序已成为绍兴群众主动学习反诈知识、参与反诈宣传的网上家园。

案例十二：护好大闸蟹消费者的"食篮子"

为促进大闸蟹网络销售行业发展、敦促有关平台和经营者诚信经营，便于消费者在线上选购到物美价廉的大闸蟹，江苏省消费者权益保护委员会（以下简称江苏省消保委）针对12家市场占有率高的电商平台开展线上大闸蟹消费体验式调查工作，并结合体察结果约谈相关平台，敦促企业整改到位，持续优化消费体验，强化消费者权益保护。

连年持续发力，纵深推进监督。围绕大闸蟹线上销售问题，江苏省消保委2019—2020年组织开展线上销售大闸蟹体察工作，发布《网购大闸蟹消费体察报告》，建议平台设置保证金制度保障消费者权益；2021年，江苏省消保委联合相关地方政府和平台共同制定并发布《大闸蟹电商销售服务规范》，天猫、京东、抖音等主流平台承诺积极响应该团体标准；2022年，针对大闸蟹预付式消费问题开展"回头看"调查，形成《网购大闸蟹卡（券）消费调查报告》。持续推动相关平台和经营者优化大闸蟹销售规则，落实好平台治理责任，强化售后服务保障，大闸蟹线上销售环境持续改善。

加强地市联动，共同开展调查。2023年，江苏省消保委联合省内无锡、常州、苏州、淮安等大闸蟹主产区所在地消保委组织针对天猫、抖音、苏宁易购、京东、快手、盒马、拼多多、小红书、叮咚、本来生活、美团优选和淘特共计12个平台开展网购大闸蟹体验式消费调查，以消费者身份购买大闸蟹产品或兑换相关券卡产品，记录消费咨询、下单、收货、售后全过程，形成《2023年江苏省线上大闸蟹消费体察报告》。调查发现，随着团体标准及政策文件的出台，部分平台积极响应，已经对线上大闸蟹类商品的销售服务作出改善。但是仍存在企业资质信息公示不到位、蟹卡（券）信息告知不全、螃蟹运输后质量不佳以及售后规则存在漏洞等问题。

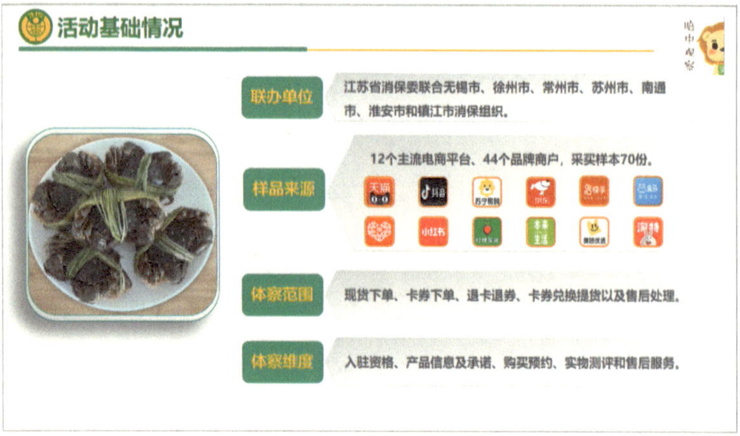

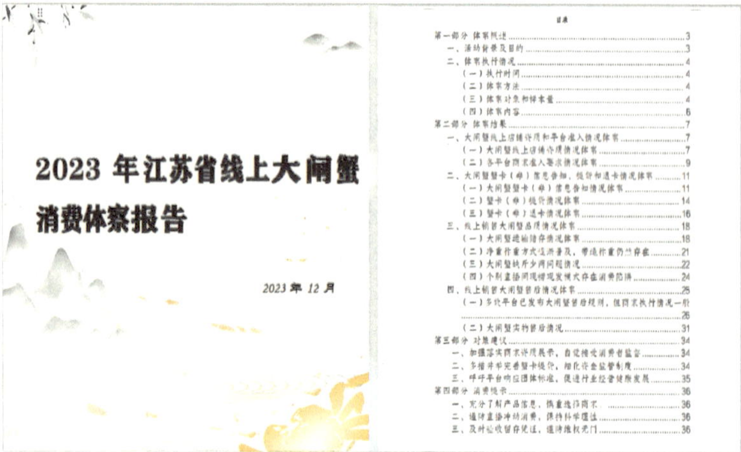
2023 年江苏省线上大闸蟹消费体察报告

2023 年 12 月

目录

图 21　2023 年江苏省线上大闸蟹消费体察报告

加大对经营者合规指导，发挥标准引领作用。根据调查结果及团体标准执行情况，江苏省消保委于 2024 年 1 月召开线上大闸蟹销售相关问题监督指导会，天猫、京东、拼多多、苏宁、抖音、快手、美团等平台代表参加会议。省消保委对与会企业提出三点要求：一是加强店铺资质把控，严格资金监管制度，建立健全保证金制度，当店铺变更、商家跑路等情况发生时，为消费者提供救济途径；二是提高行业经营要求，营造放心消费环境，通过完善售后规则，对蟹卡（券）类商品，延长售后服务期限，畅通消费者消费维权通道；三是呼吁平台响应团体标准，促进行业经营健康发展，也鼓励各大电商平台在《大闸蟹电商销售服务规范》的基础上，采取更加严格的要求或举措，保护消费者合法权益，推动行业高质量发展。

通过开展体验式调查、问题披露及反馈、监督约谈指导会等一系列工作，有效敦促相关平台及经营者严格对照自身问题，在全平台积极展开整改。一方面，通过完善平台相关规章制度，做好企业资质审核和公示，强化蟹卡蟹券资金保障，填补蟹卡蟹券售后规则漏洞。另一方面，强化平台治理能力，对问题店铺严格整改，提升客服服务能力和接通效率，保障消费者意见及时反馈，做到降投诉、减纠纷。相关电商平台也表示，愿意加入《大闸蟹电商销售服务规范》团体标准并参与修订工作，共同为提升行业服务质量作出努力。本次调查及约谈工作也获得了社会主流媒体的关注，中国消费网、荔枝网、江苏城市频道《新城市资讯》栏目等专门报道该项工作。

江苏省消保委一直以来高度重视网络诚信建设，并按照《中华人民共和国消费者权益保护法》和《江苏省消费者权益保护条例》依法强化消费监督工作，切实维护消费者合法权益。针对线上大闸蟹销售问题，下一步，江苏省消保委将继续关注，着力监督线上大闸蟹消费市场消费环境，通过不断完善既有团体标准、跟踪督促平台完善管理规则、加强相关投诉受理、强化宣传教育工作等举措，与社会各界共同规范线上大闸蟹商家及平台的经营行为，促进线上大闸蟹行业良性发展，为消费者提供更加安全、诚信、省心、美味的消费指南。

案例十三：携手多元主体，推进网络诚信共建共行

在广州市委网信办的指导下，广州互联网协会自 2020 年开始承担广州网络生态治理基地建设工作，深入推进互联网健康发展工作，充分调动各方资源与协会共同梳理生态资源，加强网络文明、网络诚信建设，并在"理资源＋搭平台＋树标杆"等方面成效显著。

协调多方资源，实现网络诚信共建共治。一是强化枢纽型社会组织作用，积极联动各部门、企业平台、社会组织、学校、研究机构、法务专家、网民等多元主体，并搭建"主流媒体＋自媒体"宣传矩阵。二是坚持常态化深度调研，年度触达平台高达 100 余次，日常持续走访互联网企业、安全服务商、行业研究机构、学校等单位，了解企业诉求、行业热点以及网络生态相关情况。三是持续梳理各类网络生态资源，广州互联网协会掌握 5 项数据库，涵盖 60 余条政策法规库、2 万条基础数据库以及应用程序库、200 多位专岗人才库、50 多位行业专家库等，做到有效联动、群策群力，切实规范网络行为，维护网络秩序，净化网络环境。

注重创新实效，搭建多层次宣传教育平台。一是针对各大平台主体，打造"清风互助"普法平台和"网研思享汇"成长交流平台。加强政策宣传，根据《网络安全法》《数据安全法》《个人信息保护法》《网络信息内容生态治理规定》等政策法规，组织互联网合规经营培训会、网络直播与运营合规培训会等活动共计 20 余次。活动邀请北京大学、暨南大学等高校传播领域学者，广东省律师协会、广州互联网法院等法学界代表，互联网企业代表，针对互联网企业，围绕行业环境、法律法

规、产品机制、从业人员、风险建议等方面开展专业解读，引导相关企业严格履行主体责任，合法合规开展经营活动。聚焦新情况、新问题与难点瓶颈，组织网络内容生态治理研讨会、互联网内容风险防控私享会等活动共计 15 次，邀请学界、业界代表开展深入研讨，围绕网络内容风险问题多样、中小企业安全体系规划困难、网络内容审核人才不足、相关政策普及程度较低等问题开展对策探讨。

二是面向广大网民，整合产业资源持续创新活动组织形式。联合暨南大学新闻与传播学院开发网络文明素养题库，围绕网络安全、网络文化、网络经济、网络社会、网络生态五大网络文明素养知识板块开展知识竞赛，通过有奖问答的方式将网络安全知识普及到网民大众，活动仅 1 天时间，逾 2 万名用户参与。联动广州市"扫黄打非"工作领导小组办公室、广州市未成年人网络生态治理基地、广东外语外贸大学等积极推动未成年人网络保护工作，支持广州市"扫黄打非"工作领导小组办公室举办"扫黄打非·护苗"专项行动宣传发布会及"扫黄打非·护苗 2023"绿色嘉年华活动，积极发动三七、趣丸、百果园等互联网企业共同参与活动，通过发布"护苗"主题的小游戏、粤语广播剧、书屋、"Pia 戏"等系列产品，邀请学生代表宣读《网络文明倡议书》，加强青少年网络安全防范意识。走进乡村、企业、儿童活动场所开展"美丽乡村希望田野"活动、2022 年儿童互联网大会、"守护网络安全，共享网络文明"网络文明沙龙等活动。

为增强网络平台社会责任感和使命感，广州互联网协会连续 4 年开展"十大正能量案例""社会责任突出贡献奖"等评选活动，宣传推广企业在积极发挥社会责任等方面的经验做法，推荐企业参加联合国儿童基金会"人工智能为儿童"案例征集并入选 4 个案例。联合人民日报数字传播有限公司共同推出《"数"话湾区》系列专访栏目，对 2023 年广州互联网企业"十大正能量案例"进行系列专访报道，大力宣传互联网企业对网络生态治理主体责任和社会责任积极履责的正面形象，鼓励互联网平台积极履行社会责任，培育积极健康、向上向善的网络文化，树立行业标杆，营造风清气正的网络空间。

图22 "2023广州互联网企业十大正能量案例"颁奖活动

案例十四：绽放"诚信之花"，助力网络文明建设走深做实

近年来，江苏省宿迁市沭阳县专门成立网络电商互助联合会，通过构建管理闭环、优化服务效能、弘扬公益精神等一系列扎实有力的工作举措，推动花木电商实现从"要我诚信"到"我要诚信"的思想转变、行动转变，不断厚植诚信经营基因，有力净化网络经营生态，真正把文明电商、诚信经营打造成为"美丽经济"的鲜明底色，让"诚信之花"开遍"中国花谷"。

图 23　沭阳县花木种苗领域专项整治工作推进暨"2024 利剑行动"动员会议

　　江苏省宿迁市沭阳县是江苏省面积最大的花木生产县、全国花木主产区之一，沭阳花木有 1000 多年历史，孕育了丰富多彩的花木文化。在沭阳花木产业发展壮大的过程中，曾经有一段时间，部分不法商户出现虚假宣传、以次充好、货不对版等不诚信经营行为，严重损害了沭阳花木产业发展良好形象。为从根本上彻底扭转不诚信经营状况、重塑诚信沭阳好形象，沭阳成立网络电商互助联合会，围绕加强花木电商行业自律、提升直播能力、推动网络诚信、创建花木品牌、弘扬公益精神等方面持续发力，有力构建团结互助、竞争有序的良性机制。

　　首先，构建管理闭环，规范电商经营行为。一是加强自治自律。将诚信体系建设作为重要内容写入章程，围绕遵守法律法规、合法持证经营、张贴诚信标贴、禁止虚假宣传等十个方面，明确规定网络电商诚信经营行为，全县 104 个花木电商经营村均已建立"诚信经营村规民约"，所有电商全部签订《诚信经营承诺书》。二是创新监管模式。创新推出"诚信标签"，标注职能部门监督电话及投诉平台二维码，要求每一件花木种苗快递必须张贴，网民通过扫描标签二维码可随时随地投诉举报，进一步完善问题"投诉—受理—处置—反馈"全流程闭环机制。目前，"诚信标签"累计发放6.3亿余张，网民满意度达95%以上。三是深化专项整治。全力配合、扎实推进花木种苗领域"春雷""猎鼠""雷霆""利剑"专项整治行动，常态对快递物流点、电商经营场所进行巡查检查，深入自查自纠，对违规行为提醒整改到位，对违法行为及时进行举报。加强重点案件警示教育，全网发布案件通报，累计阅读量超500万次，在社会面形成强有力的震慑效果。

图 24 快递包裹上张贴"诚信标签"

其次，优化服务效能，助力电商做大做强。一是加强教育培训。依托"文明主播加'宿'站"等阵地，宣传推介"诚 e 兴网"倡议书、《网络主播行为规范》。组织"诚信经营"主题宣讲、优秀会员企业交流学习、诚信电商普法宣传等活动，高质量开展各类电商培训60余场、惠及6000余人次，有力推动"草根经济"向"品牌经济"转变。二是优化营商环境。积极对接、全力争取在花木产业重点乡镇设置免费办证点，近三年累计为花木电商免费办理营业执照 2.2 万余份、林木种子生产经营许可证 1.3 万余份。用好华东花木大世界、国际花木城、"数字堰下"等载体平台，为花木产业升级发展、电商企业销售扩能提供坚实支撑和有力保障。三是强化示范引领。制定诚信电商评选标准，定期组织开展"花木诚信电商""花木诚信企业""十佳诚信电商""电商诚信经营户""诚信花木供货商"等诚信典型评选，并在平台推荐、优先采购、经营扶持等方面予以支持倾斜。截至目前，共计评选表彰"花木诚信电商"263 家、"花木诚信企业"162 家。

图 25　党的二十大精神主题宣讲活动

最后，弘扬公益精神，积极践行社会责任。一是聚焦产业扶贫。组织会员企业免费开放盆景、多肉、月季等种植基地 15 个，创新矩阵直播拓宽销售渠道，采用"快、抖、淘"等多平台多账号同步直播的网络营销模式，同时容纳 100 余名网红达人实时直播，吸引近百万人次"线上"同场竞拍，累计举办直播拍卖 1000 多场，实现销售额 2.5 亿元。二是聚焦惠民助农。建立新村干公益直播基地，免费帮助当地村民售卖花木种苗和盆景，并且就近为村民提供修剪花枝、打包发货等就业岗位，每个就业岗位年可实现增收 5.5 万元。三是聚焦志愿服务。常态组织会员开展志愿活动，关心慰问弱势群体，定期面向孤苦老人、留守儿童等组织关爱活动、捐赠物品，共计开展文明志愿活动 6 次、累计捐赠物资超 10 万元。

附录 2：2023 年度网络诚信建设大事记

1 月 18 日，中央网信办启动"清朗·2023 年春节网络环境整治"专项行动，加强重点环节网络生态巡查监看，大力整治春节期间网络炫富、宣扬暴饮暴食、网络赌博、网络诈骗、封建迷信和不良现象、网络欺凌、网络沉迷、虚假信息等方面突出问题乱象，遏制不良文化传播，切实维护广大网民合法权益，净化网络生态，营造积极向上、文明健康的春节网络舆论氛围。

2 月 10 日，中央网信办召开 2023 年争做中国好网民工程总结部署视频会。会议总结 2022 年工作，部署 2023 年重点工作，通报表扬先进典型，强调充分发挥网民作用，大力弘扬社会主义核心价值观，让时代精神和先进文化充盈网络空间。

2 月 13 日，"全国网络普法行"系列活动启动仪式在浙江杭州举行，浙江、江西、四川、广西、黑龙江等省（区、市）依托各地治网实践和地域特点，充分发挥网络特色优势，打造特色品牌，推动内容、形式、手段创新，开展系列活动，推动网络法治走进千家万户、走进群众内心深处。

2 月 15 日，共青团中央宣传部、中央网信办网络社会工作局联合主办，中国青少年新媒体协会承办的第六届"中国青年好网民"优秀故事征集活动落下帷幕，50 个优秀故事揭晓。活动依托组织推荐和网络自荐渠道，共 7.1 万个故事报名参与，经过初步筛选、网友点赞和专家评审等环节，最终评选出 50 个优秀故事，各渠道平台超过 1000 万人为候选故事点赞。

3 月 10 日，中央网信办部署"清朗·从严整治'自媒体'乱象"专项行动，聚焦社交、短视频、网络直播等类型重点平台，针对"自媒体"造谣传谣、假冒仿冒、违规营利等突出问题，坚决打击，从严处置，营造清朗网络空间。

3 月 16 日，国务院新闻办公室发布《新时代的中国网络法治建设》白皮书，系统总结 1994 年中国全功能接入国际互联网以来，特别是新时代以来网络法治建设理念和实践。其中特别提出，聚焦网络暴力等人民群众反映强烈的突出问题，持续开展"净网""清朗"系列专项行动，整治各类网络生态乱象，营造清朗网络空间。

3 月 29 日，全国总工会、中央网信办联合主办的 2023 年"网聚职工正能量　争做中国好网民"主题活动启动仪式在京举办。

3 月 31 日，2023 年度"好评中国"网络评论大赛启动仪式暨"好评中国"网络评论创新论坛在湖南长沙举行。以"点点星火，汇聚成炬"为主题，围绕传承精神密码、礼赞光辉时代、澎湃青春梦想、汇聚九州同心四个篇章依次展开，邀请党的二十大代表、科技工作者、青年代表、正能量网络名人和 2022 年度"好评中国"网络评论大赛作者代表等，以案例讲述、情境分享等形式，共论网络评论高质量发展，引领更多网民感受网络评论力量、参与网络评论创作。

4 月 28 日，开展"清朗·优化营商网络环境　保护企业合法权益"专项行动，深入清理处置涉企业、企业家虚假不实和侵权信息，坚决打击恶意炒作行为，依法查处侵害企业、企业家合法权益的网站平台和账号，为企业聚精会神干事业、心无旁骛谋发展营造良好的网络舆论氛围。

5月15日，国家互联网信息办公室开展"清朗·规范重点流量环节网络传播秩序"专项行动，紧盯短视频平台、热搜热榜等重点流量环节，压实平台主体责任，全面清理违规采编、违规转载、炮制虚假新闻等扰乱网络传播秩序信息，全面排查处置仿冒"新闻主播"等违规账号，坚决守住网上新闻信息规范有序传播重要关卡。

5月16日，以"聚辟谣之力 扬文明之光"为主题的第五届中国互联网辟谣优秀作品发布会在北京举办。《"打击整治养老诈骗"专项行动系列宣传作品》《征信疑云》《谣言狙击手（广播）》《熊猫捉谣记》《地震谣言的那些事儿》等60部作品入选，以权威事实、科学思想、鲜活形式有力辟除谣言、传递真知，展现出强烈的社会责任意识和鲜明的网络传播特色，有助于提升公众识谣辨谣能力，营造良好网络生态。

6月6日，全国妇联、中央网信办主办的2023年度"争做巾帼好网民"主题活动启动仪式在京举办。

6月20日，国家互联网信息办公室关于发布深度合成服务算法备案信息的公告，要求深度合成服务技术支持者应当参照履行备案和变更、注销备案手续。

6月26日，以"人工智能时代：构建交流、互鉴、包容的数字世界"为主题的世界互联网大会数字文明尼山对话在山东济宁曲阜开幕。

6月27日，"清朗·2023年暑期未成年人网络环境整治"专项行动，通过开展专项行动，集中整治网上涉未成年人突出问题，全面压缩有害信息隐形变异的生存空间，坚决遏制侵害未成年人权益的违法行为，进一步提升学习类App、儿童智能设备等专属产品服务信息内容安全标准，有效解决网络沉迷问题，营造有利于未成年人健康安全成长网络环境。

6月27日，中央网信办开展为期2个月的"清朗·2023年暑期未成年人网络环境整治"专项行动，集中整治网上涉未成年人突出问题，全面压缩有害信息隐形变异的生存空间，坚决遏制侵害未成年人权益的违法行为，进一步提升学习类App、儿童智能设备等专属产品服务信息内容安全标准，有效解决网络沉迷问题，营造有利于未成年人健康安全成长的网络环境。

7月7日，国家互联网信息办公室关于《网络暴力信息治理规定（征求意见稿）》，向社会公开征求意见。

7月10日，中央网信办秘书局下发《关于加强"自媒体"管理的通知》，提出13条措施，以压实网站平台信息内容管理主体责任，健全常态化管理制度机制。

7月10日，国家互联网信息办公室联合国家发展和改革委员会、教育部、科技部、工业和信息化部、公安部、国家广播电视总局公布《生成式人工智能服务管理暂行办法》，明确提供和使用生成式人工智能服务，应当遵守法律、行政法规，尊重社会公德和伦理道德，坚持社会主义核心价值观，鼓励生成积极健康、向上向善的优质内容。

7月15日，中央网信办依法查处杜撰、歪解公共政策的造谣传谣账号，持续坚决打击造谣传谣行为，从严查处发布谣言的账号主体，曝光典型案例，形成有力震慑。

7月18日，中央网信办开展为期20天的"清朗·成都大运会网络环境整治"专项行动，集中整治6类突出问题。

7月18日，2023年中国网络文明大会在福建省厦门市举行。大会发布《中国网络文明发展报告2023》。主论坛还发布2022年网评工作"创四优"竞赛成果和《新时代青少年网络文明公约》。

7月20日，国家市场监督管理总局发布中国企业信用指数，2022

年度中国企业信用指数为 158.36 点，同比上升 24.14 点。中国企业信用指数立足市场监管部门职能和市场监管数据资源，通过对市场监管部门掌握的全量企业全生命周期的信用信息进行综合分析，着力从市场监管视角构建企业信用衡量工具。中国企业信用指数突出"市场监管数据在企业信用领域的价值特征"与"市场监管数据结构基本特征"两个特征，用更加丰富的信用评价维度展现企业信用状况，实现全国企业信用水平的指数化呈现，为全国统一大市场建设提供宏观数据支持，为优化营商环境提供重要抓手，为建立健全以信用为基础的新型监管机制提供有力支撑。

7 月 24 日，中央网信办主办的 2022 年度中国正能量网络精品征集展播活动正式启动，并进行网络展播投票。

7 月 31 日，最高法举行新闻发布会，发布人民法院依法保护民营企业产权和企业家权益典型案例。本次发布的小米公司诉网络侵权案，法院依申请及时裁定被告立即删除侵权文章及视频，防止进一步扩大对民营企业名誉权的损害，彰显人民法院依法打击恶意损害企业名誉权的司法态度，推动营造有利于民营经济发展的社会舆论环境。

8 月 10 日，中央网信办印发《网站平台受理处置涉企网络侵权信息举报工作规范》，为更好维护保障企业和企业家网络合法权益。

8 月 28 日，为做好杭州亚运会和亚残运会保障工作，中央网信办秘书局、中央宣传部版权管理局、杭州第 19 届亚运会组委会办公室自 8 月 28 日至 10 月 29 日开展"清朗·杭州亚运会和亚残运会网络环境整治"专项行动。

8 月 29 日，"清朗·2023 年暑期未成年人网络环境整治"专项行动曝光第一批典型处置案例，聚焦未成年人较为活跃的网站平台、产品功能和位置板块，及时发现处置危害未成年人身心健康的突出问题，有力遏制一些乱象隐形变异、反弹反复，为未成年人营造健康向上的网络环境。

9月8日，以"铸诚信 优环境 惠民生"为主题的2023年全国"诚信兴商宣传月"活动在广东省广州市启动，正式拉开2023年全国宣传月活动帷幕，旨在营造讲诚信、重诚信、守诚信的浓厚社会氛围。启动仪式发布2023年全国"诚信兴商"20个典型案例和10个推荐案例。2023年全国"诚信兴商宣传月"活动由商务部、中央宣传部、国家发展改革委等13个部门共同举办，各地各部门通过发布诚信案例、发出诚信倡议、开展信用知识普及等多种形式，在全社会兴起诚信宣传的热潮。

9月28日，中央网信办在全国范围内启动为期2个月的"清朗·生活服务类平台信息内容整治"专项行动。聚焦与衣食住行密切相关的生活服务类平台，集中整治人民群众反映强烈的信息内容问题，从严查处违法违规账号和平台，坚决阻断违法和不良信息传播扩散渠道。压实平台内容管理主体责任，建立健全账号信息管理和社区规则，完善信息内容常态化治理机制，为广大网民营造健康安全的上网环境。

10月24日，《未成年人网络保护条例》颁布，明确未成年人网络保护工作应当坚持以社会主义核心价值观为引领，规定国家鼓励和支持制作、复制、发布、传播弘扬社会主义核心价值观和社会主义先进文化、革命文化、中华优秀传统文化，铸牢中华民族共同体意识，培养未成年人家国情怀和良好品德，引导未成年人养成良好生活习惯和行为习惯等的网络信息，营造有利于未成年人健康成长的清朗网络空间和良好网络生态。

11月14日，由国家发展和改革委员会指导，新华通讯社和郑州市人民政府主办，以"信结天下，诚赢未来"为主题的第五届中国城市信用建设高峰论坛在河南省郑州市开幕，来自全国各地社会信用体系建设的负责同志、专家、学者，围绕城市信用建设高质量发展献计献策。此次论坛发布《中国城市信用发展报告2023》、《全国一体化融资信用服务平台网络发展报告》、第五届"新华信用杯"全国信用优秀案例、郑州市信用惠企平台，宣布启动新华信用政务诚信服务行动计划、数字信用示范工程等。中国城市信用建设高峰论坛是推进社会信用体系建设的全国性高端论坛，先后在杭州、福州、济南和广州成功举办四届，成为我国城市信用建设领域具有影响力的年度盛会。

11月17日，中央网信办在全国范围内启动为期1个月的"清朗·网络戾气整治"专项行动。聚焦网络戾气容易滋生的重点环节板块，从严打击恶意攻击谩骂、挑起群体对立、宣泄极端情绪等突出问题，坚决惩治一批违规账号、群组和网站平台，有力遏制网络戾气传播扩散。通过开展专项整治，进一步压实网站平台主体责任，深入查找问题漏洞，健全防范治理网络戾气的制度机制，切实保障广大网民合法权益，维护良好网络生态。

11月24日，企业信用同盟在京召开第一次全体会议，审议通过同盟工作规则。企业信用同盟是在国家市场监督管理总局的倡议指导下，由全国组织机构统一社会信用代码数据服务中心组织推动，于2023年成立的全国性企业信用自律组织。成立以来，企业信用同盟制定了工作规则和入盟标准，发展同盟成员41家，强化桥梁纽带功能，引导成员企业守信践诺、自律经营。

12月12日，中央网信办开展为期一个月"清朗·整治短视频信息内容导向不良问题"专项行动。通过开展专项行动，集中整治短视频领域价值导向失范和不良内容多发等乱象，督促短视频平台强化内容审核制度，全面规范短视频功能运行，更好地满足人民群众精神文化的需求，推动形成短视频行业良性竞争环境，促进行业健康有序发展。

后　记

在中央网信办指导下，中国网络社会组织联合会组织编写《中国网络诚信发展报告2024》（以下简称《报告》），分为总体状况、专题研究、问题挑战、对策建议、附录等篇章，以全方位、多角度的数据、案例等内容，系统展示政府、行业组织、企业、网民等多元主体参与网络诚信建设的丰富实践，为社会各界广泛了解2023年我国网络诚信发展状况提供权威参考。特别需要说明的是，《报告》收录的工作情况、行业组织、企业及统计数据等内容不包含港澳台地区。

《报告》编写过程中，中央网信办各局各单位给予大力支持和关心，国家发展和改革委员会财金司、商务部电子商务和信息化司、国家市场监督管理总局网络交易监督管理司和信用监督管理司等相关部门以及中国消费者协会等相关单位提供了宝贵意见，部分社会组织、新闻媒体、互联网企业等提供案例素材，广东新兴国家网络安全和信息化发展研究院协助开展2023年全国网络诚信建设专题调查，得到社会各界和广大网民的广泛参与。中国网络社会组织联合会承担具体编写任务，主要参与人员有赵晖、张勇、牛争芳、吴定平、丁家栋、阿丽艳、宫良帅、李亚童、蔡清等，商务部国际贸易经济合作研究院韩家平、阿里云张建光两位专家参与电子商务诚信评价、生成式人工智能专题内容撰写，宣兴章、李辰、任璐媛、安秀梅、林钧跃、王伟、陈昂等多位学者提供了宝贵意见。对中央网信办各局各单位、相关部委、行业组织和上述人员在编撰过程中所付出的努力，在此一并表示衷心感谢！

《报告》的顺利出版离不开社会各界的大力支持和关心帮助，鉴于编者经验能力有限，难免存在疏漏之处。敬请各界人士批评指正，以便我们在今后的工作中改进完善。

中国网络社会组织联合会

2024 年 6 月